Otto Betz

Freundschaften sind wie Heimat

W0034422

topos taschenbücher, Band 1043
Eine Produktion des Matthias Grünewald Verlags

Otto Betz

Freundschaften sind wie Heimat

Eine Einladung

topos taschenbücher

Verlagsgemeinschaft topos plus
Butzon & Bercker, Kevelaer
Don Bosco, München
Echter, Würzburg
Lahn-Verlag, Kevelaer
Matthias-Grünewald-Verlag, Ostfildern
Paulusverlag, Freiburg (Schweiz)
Verlag Friedrich Pustet, Regensburg
Tyrolia, Innsbruck

**Eine Initiative der
Verlagsgruppe engagement**

www.topos-taschenbuecher.de

Bibliografische Information der Deutschen Nationalbibliothek
Die Deutsche Nationalbibliothek verzeichnet diese Publikation in der
Deutschen Nationalbibliografie; detaillierte bibliografische Daten
sind im Internet über http://dnb.d-nb.de abrufbar.

ISBN 978-3-8367-1043-5
E-Book (PDF): 978-3-8367-5041-7
E-Pub: 978-3-8367-6041-6

2015 Verlagsgemeinschaft topos plus, Kevelaer
Das © und die inhaltliche Verantwortung liegen beim
Matthias Grünewald Verlag, Ostfildern
Umschlagabbildung: www.photocase.de / mahey.foto
Einband- und Reihengestaltung: Finken & Bumiller, Stuttgart
Herstellung: Friedrich Pustet, Regensburg
Printed in Germany

Inhalt

Präludium

Dass eine Freundschaft entstehen kann, ist nie selbstverständlich, sondern eine Überraschung, manchmal sogar ein Wunder. Es braucht eine ganze Menge Zeit, bis man erkennt, dass aus einer Begegnung Freundschaft geworden ist.

*

Ein Leben ohne Freundschaften, das ist wie ein Garten ohne Blumen, wie eine Welt ohne Farben, wie ein Jahr ohne Feste. Haben nicht erst die Freunde die Akzente in unser Leben gesetzt?

*

Erst im Nachhinein können wir oft erkennen, wie viel wir unseren Freunden zu verdanken haben, was sie uns geschenkt haben.

*

Weil jeder Mensch sich selbst ein Rätsel ist, das er allein nicht lösen kann, haben wir Begegnungen nötig. Es gehört zu den großen Überraschungen in unserem Leben, dass der Freund uns zu uns selbst führen kann. Ohne den Freund wäre ich ein anderer geworden.

*

Geht mir ein Freund verloren, entsteht in mir ein Riss, ein Stück der eigenen Wirklichkeit ist plötzlich nicht mehr da. Eine gewisse Heilung mag eintreten, weil ich so vieles in der Erinnerung bewahrt habe. Das Gedächtnis bringt mir den Freund wieder in die Gegenwart zurück.

*

Jetzt erst erkenne ich die Bedeutung einiger Briefe, die ich von meinem Freund bewahrt habe, jetzt erst lese ich die Bücher, die er mir geschenkt hat, mit anderen Augen.

*

Es gibt keine vollkommenen Freunde, immer sind es sehr unvollkommene Freundschaften, die wir leben. Aber ein wenig haben wir doch tatsächlich unsere Bruchstückhaftigkeit durch unsere Begegnungen überwunden.

*

Spannend wurde unser Miteinander immer dann, wenn wir etwas gemeinsam erlebt haben, wenn wir plötzlich unsere „innere Verwandtschaft" erkannten.

*

Wie gut, dass wir nicht immer einer Meinung waren. Erst durch den Disput konnten wir Gemeinsamkeit und Unterscheidung genauer wahrnehmen.

*

Oft brauchten wir ein Medium, um unserer Freundschaft Nahrung zu geben: Wir lasen miteinander ein Buch oder betrachteten ein Bild, wir schauten einen Film an oder lauschten einer Musik. Und im Austausch unserer Eindrücke bauten wir eine Brücke, öffneten uns gegenseitig die Augen und die Ohren und erlebten unsere Verbundenheit.

*

Vielleicht waren die gemeinsamen Reisen ein „Königsweg" unseres freundschaftlichen Lebens. Die Klettertouren in den Alpen, die Wanderungen durch unbekannte Landschaften, aber auch die Autopannen in der Fremde, die Verständigungsschwierigkeiten im Ausland, wie haben sie uns zusammengeschweißt.

*

Wie tröstlich, dass auch eine lange Trennung unsere Freundschaft nicht unbedingt in Frage stellt, wenn der gedankliche Brückenbau aufrechterhalten bleibt.

*

Man sollte die „Erinnerungskultur" zwar nicht auf die Spitze treiben (eine Haarlocke von dir wollte ich nie haben), wenn aber eine Freundschaft nicht folgenlos bleiben soll, dann ist sie darauf angewiesen, dass man sich auf die wichtigen Stationen des gemeinsamen Weges besinnen kann und sie wieder in die Gegenwart hineinruft.

*

Bettine Brentano hat einmal an Goethe geschrieben: „Nie denke ich etwas Schönes, ohne dass ich mich darauf freue, es Dir zu sagen." Diese Verbundenheit, dieses selbstverständliche Gespräch macht den Austausch unter Freunden aus.

*

Wenn Freundschaften nicht erstarren sollen und dadurch leblos werden, sind sie auf Veränderung angewiesen und bedürfen der Erneuerung. Dadurch werden sie auch krisenanfällig, weil sich Freunde möglicherweise nach verschiedenen Richtungen entwickeln können.

*

Freundschaften ereignen sich in einem Prozess des Nehmens und Gebens. Wenn nur noch einer der Gebende ist, erschlafft die Beziehung und wird müde.

*

Die Sehnsucht nach einer idealen Freundschaft hilft uns nicht weiter, wenn wir nicht selbst auf die Suche gehen nach Menschen, mit denen wir eine Gemeinsamkeit spüren.

*

Eine Freundschaft muss nicht immer harmonisch sein: Auch Spannungen gehören zu unserem Leben und können eine Anziehungskraft entwickeln, die uns zusammenführt.

*

Freundschaften müssen nicht ewig dauern, aber sie sollten Folgen haben.

*

Hat nicht jeder meiner Freunde, jede meiner Freundinnen ein sehr eigenes Gesicht? Einer lacht mir entgegen und erinnert mich an heitere Stunden. Ein anderer ist mir durch seine blitzende Intelligenz unvergesslich, aber auch durch seine bohrenden Fragen. Ein dritter ist mir gleichsam noch im Ohr durch seine singende Stimme und seine Sprache voller Poesie. Wie gut, dass ich nicht nur einen Freund hatte und dass jeder und jede unverwechselbar war.

*

Matthias Claudius schreibt: „Hat Dein Freund an sich, das nicht taugt; so musst Du ihm das nicht verhalten und es nicht entschuldigen gegen ihn. Aber gegen den dritten Mann musst Du es verhalten und entschuldigen. Mache nicht schnell jemand zu Deinem Freund, ist er's aber einmal, so muss er's gegen den dritten Mann mit allen seine Fehlern sein." Ein anspruchsvolles, aber ehrliches Programm.

Über sein kleines Ich hinausgehen

„Wahrscheinlich ist der Mensch das einzige Geschöpf der Erde, das den Willen hat, in ein anderes hineinzuschauen. Aus dieser Gabe steigt ja auch die Barmherzigkeit empor, sie, die mehr bedenkt als das bloße Mitleid und uns über unser Selbst hinausweist", so habe ich es bei Hans Carossa gelesen. Und wenn diese Gabe zu den wesentlichen Talenten des Menschen gehört, nicht im Schneckenhaus der Selbstverschränkung steckenzubleiben, sondern sich zu übersteigen, dann ist die Freundschaft der Königsweg dieses Reifungsprozesses. Bin ich nicht immer auf ein Gegenüber angewiesen, auf einen Menschen, der mich aufweckt und die schlafenden Kräfte in mir wahrnimmt und sie fördert?

Es ist ja so viel Blindheit in uns, und es scheint, dass wir uns selbst nicht aus dieser Gebundenheit befreien können. Es muss jemand kommen und den Versuch machen, in uns hineinzuschauen. Aber es muss ein Freund sein, der versucht, dem Freund beizustehen und ihm zu einer tieferen Schau der eigenen Wirklichkeit zu verhelfen. In Goethes „Wahlverwandtschaften" gibt es den aufschlussreichen Satz: „Das Leben war ihnen ein Rätsel, dessen Auflösung sie nur miteinander fanden." Vielleicht hat Bettine Brentano diesen Satz absichtlich aufgegriffen, als sie an Goethe schrieb: „Jeder Mensch ist ein solches Rätsel, dass es die Aufgabe der Liebe ist zwischen Freunden, das Rätsel aufzulösen; so dass ein jeder seine tiefe Natur durch und im Freund kennenlerne."

Freundschaften fallen nicht vom Himmel, sie werden uns angeboten, es ergeben sich Möglichkeiten, es deutet sich etwas an, aber wir selbst müssen die Chance erkennen und müssen zum rechten Zeitpunkt das Richtige tun. Jede Freundschaft ist riskant, sie muss gewagt werden, aber dann bedarf sie der Pflege. Sie mag zunächst ein kleines Pflänzchen sein, ein fragiles Gebilde, wenn wir sie aber ernst nehmen, dann kann sie stabil werden und Dauerhaftigkeit entwickeln.

Man könnte heute den Eindruck gewinnen, dass manche Zeitgenossen Freundschaften sammeln wie andere Leute Briefmarken. Sollen sie wie gesammelte Trophäen Eindruck machen und die eigene Bedeutung herausstreichen? Wir brauchen zwar eine Freundschaftskultur, aber eine Freundschaftsplantage wäre der falsche Weg.

Friedrich Hebbel behauptet: „Wer mehr als einen Freund verlangt, verdient keinen." Dem kann ich nicht beistimmen, weil jeder Mensch eine Vielfalt in sich enthält, die auch zu einer Vielzahl von Freunden führen mag. Hat nicht jeder seine private Landkarte, in der seine Freunde eingetragen sind? Der Name einer Stadt oder eines Landes können uns ganz unbeteiligt lassen, wenn aber einer unserer Freunde dort wohnt, dann ändert sich alles, weil plötzlich ein Gesicht auftaucht, ein Stimme hörbar wird oder ein Lachen. Auf wunderbare Weise hat Goethe diesen Gedanken auf den Punkt gebracht:

„Die Welt ist leer, wenn man nur Berge, Flüsse und Städte darin entdeckt; aber hie und da jemand zu wissen, der mit uns übereinstimmt, mit dem wir stillschweigend übereinstimmen, das macht uns dieses Erdenrund erst zu einem bewohnten Garten."

Keiner von uns braucht die Freundschaft neu zu erfinden, als Möglichkeit ist sie immer da. Und wer sie einmal erfahren hat, der behält einen Hunger nach ihr, er merkt, dass er sie braucht und immer wieder nötig hat. Verwundern wir uns nicht manchmal selbst über unser Verhalten, dass wir gleichsam aufblühen, wenn wir mit unseren Freunden zusammen sind und wir von einem anderen Lebensgefühl erfasst werden. Es ist eine veränderte Atmosphäre entstanden, eine Lust kommt herauf, etwas zu tun, eine Aufgabe anzupacken oder einfach die Gemeinsamkeit zu genießen und zu feiern.

Vielleicht ist unsere Gegenwart aber auch so anders geworden, dass wir die Bedeutung und den „Stellenwert" der Freundschaft für uns heute neu bestimmen müssen. – Wir sind zwar alle mehr oder weniger gut „vernetzt", sind immer und überall „abrufbar" und zu erreichen, aber die meisten dieser Querverbindungen haben formalen Charakter und gehen nicht wirklich in die Tiefe. Müssen wir nicht eine zunehmende seelische Vereinsamung feststellen, meist bleibt alles bei einer oberflächlichen Kontaktaufnahme, die uns unbefriedigt lässt und auf die Dauer langweilig erscheint. Lassen wir uns auf die heimlichen Sehnsüchte und Wünsche ein, die in uns aufsteigen, dann müssen wir zugeben: Wir brauchen eine liebende Einbindung in einen Kreis von Menschen, die wir hochschätzen und denen wir uns anvertrauen können, die zu uns stehen und die auch bereit sind, eine Weile uns zu tragen und zu ertragen, wenn wir eine Krisenzeit durchmachen.

Freundschaften, die den Namen verdienen, entstehen nicht „einfach so". Es gehört Mut dazu, sich auf einen oder mehrere andere wirklich einzulassen. Wir sollen ja auch anspruchsvoll sein, Freundschaften können sogar anstrengend werden, wenn sie uns herausfordern und uns verändern. Vor allem aber können sie uns unendlich bereichern und beglücken, weil Freunde dazu beitragen, dass uns neue Augen geschenkt werden und wir auch die eigene Wirklichkeit besser entdecken.

Wenn aber die Freundschaft eine so bedeutsame Stelle in unserem Leben einnimmt, wenn wir ein „Organ" der Freundschaft entwickeln müssen, eine besondere Sensibilität, damit wir die rechten Freunde finden, und ein Talent, eine Freundschaft am Leben zu halten, dann ist es naheliegend, auch nach einer „Kultur der Freundschaft" zu fragen. – Natürlich: nicht jedes freundschaftliche Treffen ist auf Dauer aus: Man kann sich auch auf einer langdauernden Zugreise mit anderen Passagieren hervorragend verstehen, ohne dass daraus eine Freundschaft fürs Leben entsteht. Ein sportliches Engagement oder eine gemeinsame Wanderung wecken Sympathien und ein besonderes Wohlwollen, und trotzdem verweht eine solche Begegnung vielleicht schnell wieder. Aber dann ereignet sich gleichsam schicksalhaft ein Zusammentreffen, das eine andere Qualität hat und uns aus der üblichen Begegnungsform herausholt. Ich werde gewissermaßen „namentlich" gemeint und muss mich als Person stellen, muss eintreten in eine Zuordnung, die mich im Kern trifft. Vielleicht wird mir erst im Nachhinein klar, welche Bedeutung dieses Zusammentreffen für mein Leben hat, und es mag sein, dass mir dieses „Datum" später als Wendepunkt meiner Existenz in Erinnerung bleibt. Jetzt erst wird es ernst!

Wir wissen es natürlich: Freundschaften können eine völlig unterschiedliche Qualität bekommen. Manche begleiten uns das ganze Leben, andere haben nur für eine bestimmte Lebensphase ihre Bedeutung.

Ist die eine Freundschaft angestoßen worden durch die Verbundenheit mit einem Interessengebiet oder einem Aufgabenfeld, so mag eine andere einfach durch das persönliche Angezogensein und die Zuneigung bestimmt sein. Während die freundschaftliche Verbundenheit zweier Menschen als „klassische Form" einer Freundschaft angesehen werden mag, so steht daneben der Freundeskreis, der eine Gruppe von Menschen verbindet. Wir wollen in diesem Buch der Frage nachgehen, ob es nicht auch eine religiöse Dimension der Freundschaft gibt. Heißt es ja schon in der griechischen Antike: „Gott macht Menschen zu Freunden, indem er sie einander zuführt und sie miteinander bekannt macht." Und Jesus wollte seine Jünger nicht als Knechte und Untertanen haben, deshalb hat er sie Freunde genannt. – So öffnet sich uns ein weites Feld menschlicher Verwirklichung, veranschaulicht durch die Freundschaft als eine Grundform humaner Gestaltwerdung.

„Jemanden zu wissen, mit dem wir im Innersten übereinstimmen"

„Die Freundschaft ist nicht nur die treueste Beförderin, sondern auch Stifterin von Lebenslust sowohl für unsere Freunde als für uns selbst. Und diese Lebenslust genießt man nicht bloß in der Gegenwart, sondern man wird durch sie auch zur Hoffnung auf weitere in der nächsten und späteren Zukunft aufgerichtet", so überliefert Cicero die Auffassung Epikurs über die Freundschaft. – Das Verlangen nach einem freundschaftlichen Beistand, einem Bruder oder einer Schwester im Geiste, scheint zu den Ursehnsüchten des Menschen zu gehören. Wir sind als soziale Wesen geschaffen, brauchen einander, aber es genügt uns nicht, nur im beziehungslosen Nebeneinander zu existieren. Wir wollen auch stärkere Bindungen eingehen, uns aufeinander verlassen können und andere Menschen so an uns binden, dass sie uns emotional nahestehen und wir beinahe eine Einheit bilden.

Das Lob der Freundschaft zieht sich wie ein roter Faden durch die Literatur der verschiedenen Jahrhunderte. Das kann man verfolgen von der Freundschaft des Gilgamesch zu Enkidu über die großen Gestalten der griechischen Antike, die Helden Homers bis zu der bewegenden Freundschaft Davids zu Jonathan in der Bibel und bis in die heutigen Tage.

Es verwundert nicht bei der Wichtigkeit dieses Phänomens, dass schon früh auch die Philosophen sich mit dem Geheimnis der Freundschaft beschäftigt haben. Im platonischen Dialog „Lysis" gibt es eine köstliche Stelle, da heißt es: „Von Kind auf wünsche ich mir ein gewisses Besitztum, so wie der eine dieses, der andere etwas ganz anderes sich wünscht. Der eine hat

Sehnsucht, Pferde zu besitzen, der andere möchte gern Hunde haben, der Dritte sehnt sich nach Gold, der Vierte nach Ehrenstellen. Ich aber bin gegenüber solchen Dingen ganz gleichgültig, dagegen bin ich voller Sehnsucht, Freunde zu haben; die möchte ich lieber als die beste Wachtel oder den besten Hahn von der Welt, ja wahrhaftig, beim Zeus, lieber als Pferd und Hund! Und ich glaube, beim Hunde, lieber als das Gold des Dareios wäre es mir, wenn ich einen befreundeten Kameraden besitzen könnte." Für Aristoteles, den Systematiker, ist es wichtig, dass „ohne Freunde niemand leben möchte", er glaubt, im Menschen sei ein Naturtrieb wirksam, weil ein Zusammengehörigkeitsgefühl in ihm vorhanden ist und weil er vor allem in der Not eine Zuflucht und eine Hilfe erhofft. Wenn in einer Bürgergemeinschaft das gegenseitige Wohlwollen vorhanden ist und die Menschen sich gegenseitig das Gute wünschen, dann braucht man keine große Sorge um den Rechtsschutz zu haben. Das Zusammenleben der Menschen ist auf die Dauer nur möglich, wenn sie sich „aneinander freuen und einander Dinge von Wert verschaffen." Allerdings müssen sich die Partner angenehm sein und am Gleichen Freude haben. Aristoteles denkt auch über die Frage nach, wie sich Liebe und Freundschaft unterscheiden. Seiner Meinung nach ist „Liebe ein leidenschaftliches Gefühl, Freundschaft dagegen eine Grundhaltung des Charakters." Für ihn ist es aber auch von Bedeutung, dass ein sittlich hochstehender Mensch jemanden haben möchte, „dem er wohltun kann. Niemand wird es vorziehen, allein für sich alle denkbaren Güter zu besitzen. Denn der Mensch ist für die Gemeinschaft der Polis und von Natur für das Zusammenleben bestimmt." Aristoteles gibt zu: „Solche Freundschaft ist natürlich selten, denn Menschen dieser Art gibt es nur wenige. Ferner braucht sie auch Zeit und gegenseitiges Vertraut-Werden. Denn, wie das Sprichwort sagt, lernt man sich erst kennen, wenn man den bekannten ,Scheffel Salz' miteinander gegessen hat." Er hält auch nichts davon, möglichst viele Freunde zu haben, „sondern nur so viele, als für das gemeinsame Leben ausreichen ... Man muß sich damit bescheiden, auch nur einen kleinen Kreis solcher Freunde zu finden."

Nach dieser Wegweisung haben sich die nachdenklichen Menschen lange orientiert. Cicero hat in seiner Schrift „Laelius" keine grundsätzlich anderen Akzente gesetzt. Bei ihm heißt es: „Das ganze Wesen der Freundschaft liegt in der vollkommenen Übereinstimmung in Entschlüssen, Neigungen und Meinungen." Interessant ist, dass er die Freundschaft und die verwandtschaftlichen Beziehungen deutlich unterscheidet: „Aus der Verwandtschaft kann das Wohlwollen weggenommen werden, aus der Freundschaft aber nicht." Und er weist auch darauf hin, dass ein Mensch zunächst in sich stehen muss, damit er auch die Voraussetzungen für die Freundschaft mitbringt: „Je mehr Zutrauen einer zu sich hat, je besser er durch männlich-starken Sinn und Weisheit so gesichert ist, dass er keines anderen bedarf und ganz in sich selbst zu ruhen glaubt, desto mehr zeichnet er sich durch Suche und Pflege von Freundschaften aus." Auch er fordert dazu auf, sorgsam darauf zu achten, die rechten Freunde zu gewinnen. „Nichts ist hässlicher, als mit dem zu kriegen, mit dem man vertraut gelebt hat ... Man beginne nicht allzu schnell und nicht Unwürdige zu lieben." Und sehr schön deutet er die seelische Verbundenheit von Freunden an, die dazu führt, dass man gemeinsame Erfahrungen machen möchte oder jedenfalls von den großen Erlebnissen erzählen möchte: „Wenn einer in den Himmel hinaufstiege und die Natur der Welt und die Schönheit der Gestirne erschaute, so wäre doch der wundersame Anblick ohne Reiz für ihn, es wäre ihm aber höchst erfreulich, wenn er einen hätte, dem er davon erzählen könnte."

Es ist eigentlich erstaunlich, wie konstant die Vorstellungen von der Freundschaft geblieben sind. Als Siegfried Kracauer daran ging, Freundschaft zu definieren, da formulierte er, dass „der Sinn der Freundschaft im Zusammenklang der Persönlichkeiten" besteht. „Keine wahre Liebe, der nicht Freundschaft beigesellt wäre, und keine Freundschaft, die der Liebe ermangelte." Freundschaft ist mit Sicherheit mehr als Kameradschaft, als der Zusammenhalt von Arbeitskollegen, auch mehr als der Ausdruck einer Sympathie. Vielleicht wird eine unterschwellige Verwandtschaft geahnt, ein Gefühl der Zusammengehörigkeit oder aber das Verlangen nach einer Ergänzung der eigenen Veranlagung, auf jeden Fall entsteht eine gegenseitige Anziehung und ein wachsendes Gefühl der Verbundenheit und Gemeinschaft. Diese Grundveranlagung darf aber nicht so stark sein, dass die Freunde sich wie Zwillinge empfinden und immer die gleichen Antworten parat haben, die gleichen Vorlieben haben und mit gleichen Augen die Welt betrachten. Schließlich hat jeder seine eigene Herkunft und Vorgeschichte, ist wohl auch durch seine spezifischen Talente und Veranlagungen geprägt. Das mag ja gerade die Menschen anziehen, dass sie neben den Gemeinsamkeiten auch Unterschiede beobachten und Fähigkeiten wittern, die ihnen selber abgehen. Bei Kracauer lese ich: „Auch Freunde entfalten sich nach ungleichen Richtungen: Bedingung ihrer Gemeinschaft bleibt, dass sie in allen wesentlichen Gesinnungen und Idealen sich berühren und zusammen in der Erweiterung ihrer typischen Möglichkeiten fortschreiten. Es erhöht dann den Wert und Reiz ihres Bundes, wenn auf Grund derselben Wurzelanlagen die auseinanderliegenden Seiten ihres Wesens sich ergänzen und so eine nach allen Seiten sich erstreckende fruchtbare Anteilnahme möglich ist." Schließlich gibt es ja auch in der Freundschaft eine gewisse Rivalität und eine fruchtbare Spannung: Einer fühlt sich vom anderen herausgefordert, stimmt einerseits zu, grenzt sich aber dann auch wieder ab, gibt Widerpart oder setzt eigene Akzente, ohne aber die grundsätzliche Verbundenheit in Frage zu stellen. Wenn die Basis breit ist und das Areal weitläufig, dann kann sich ein durchaus spannendes Spiel ereignen.

Menschen entwickeln sich weiter, und die Wachstumsschritte laufen nicht immer parallel. So mag sich irgendwann die Frage erheben: Gehören wir noch zusammen oder hat sich unser gemeinsames Potential erschöpft? Ist die Verbundenheit noch so stark, dass wir auch jetzt noch das „Band" verspüren, das uns zusammenhält, oder gehen unsere Wege auseinander, weil unsere Ziele nicht mehr die gleichen sind? Es kommt ja auch vor, dass sich die Sprache der Freunde so gewandelt hat, dass sie merken: Wir reden aneinander vorbei, wir langweilen uns mittlerweile, der gemeinsame „Weg" ist uns abhandengekommen. Es gibt bekanntlich Freundschaften, die Jahrzehnte halten und ihre Frische und innere Lebendigkeit nicht einbüßen. Voraussetzung ist sicher, dass der eine am anderen ein bleibendes waches Interesse behält, ein Ohr für ihn hat und auch die „Wandlungen" mit Anteilnahme verfolgt. Wenn aber eine Freundschaft nur noch das Weiterlaufen alter Gewohnheiten ist und sich eigentlich nichts Neues mehr ereignet, dann hat sie ihre Kraft eingebüßt und dämmert in einem Schattendasein dahin. Nicht zufällig ist ja der „gemeinsame Weg" und die „Wanderung" ein Charakteristikum der Freundschaft. Wenn es noch etwas zu entdecken gibt und sich ein geistiges Neuland auftut, braucht man um die Zukunft einer Freundschaft nicht zu bangen. Dabei ist manchmal der eine der Cicerone (in neue Welten), dann der andere der Dolmetscher (in neue Sprachen).

Jeder von uns hat seine eigene Freundschaftsgeschichte. Und wir alle können uns sicher an Situationen erinnern, da haben wir uns über uns selbst gewundert. Warum? Wir waren auf einmal andere, konnten plötzlich reden, wie wir es sonst nie gekonnt hatten, die Ideen haben uns geradezu überfallen, es sprudelten Pläne aus uns heraus und wir merkten auf einmal, dass in uns Dinge stecken, von denen wir noch gar nichts gewusst hatten. Wieso das? Das knisternde Zueinander der Freunde, die prickelnde Atmosphäre des konkreten Moments, lockte Schichten nach oben, die offenbar immer geschlafen haben und nur auf die Stunde warteten, ans Tageslicht zu kommen. Deshalb nämlich brauchen wir Freunde, weil die unsere „Hebammen" sein können, Schatzsucher für die verborgenen Provinzen in uns. Natürlich, manches haben schon unsere Eltern geweckt, und die Lehrer haben sicher auch ihr Teil dazu beigetragen, vor allem der Lebenspartner war entscheidend wichtig, aber der Freund, die Freundin, sie haben andere Methoden und andere Möglichkeiten, um das ans Tageslicht zu bringen, was noch gefehlt hat. So sind wir von unserer Veranlagung gebaut: Erst durch die freundschaftliche Beziehung werden wir in die Lage versetzt, ein unverwechselbares Gesicht zu bekommen. Auf einmal erwachen Gaben, die erst durch den einfühlsamen Zuhörer oder die einfühlsame Zuhörerin, der/die „ganz Ohr" war, in Erscheinung treten konnten. Die gegenseitigen Anregungen führen dazu, dass Sachverhalte, die uns immer nebelhaft erschienen sind und uneinsichtig waren, sich auf einmal klären und verstehbar werden. Einer hilft dem andern, fast ohne dass er es merkt; erst im Nachhinein geht uns auf, wie wichtig ein Gespräch war oder auch nur ein gemeinsamer Gang, die Beschäftigung mit einem uns bewegenden Thema.

Wie ereignet sich aber eigentlich ein solcher Prozess der Annäherung zweier Menschen, sodass sich schrittweise eine Freundschaft anbahnt? Manchmal kann man das nachvollziehen, wenn man zum Beispiel ihren Briefwechsel verfolgt und die Stationen ihrer Beziehung miterlebt.

Der österreichische Dichter Hugo von Hofmannsthal lernte in Wien den 17 Jahre jüngeren Diplomaten Carl Jacob Burckhardt kennen. Beide waren Männer des Geistes, die den Dialog brauchten, die Anregung durch ein geistvolles Gegenüber, aber sie verlangten auch nach der gegenseitigen Herausforderung. Und obwohl sie sich im Laufe ihres Lebens gar nicht so oft treffen konnten und nur hie und da eine gemeinsam Zeit verbrachten oder eine gemeinsame Reise unternahmen, wurde ein sehr intensives Band der Freundschaft geknüpft. Hofmannsthal konnte sogar – nach einer längeren Phase des Getrenntseins – schreiben: „Ich kann kaum einen Gedanken denken, lieber Freund, dass er mich nicht zu Ihnen führt; kaum ein Buch aufschlagen, dass mir nicht augenblicklich der Wunsch käme, mich mit Ihnen zu unterhalten. Zuweilen weht ein Etwas an mir vorüber, ohne eigentlich bestimmbaren Inhalt: wie ein Musikstück von vielen ausführenden Instrumenten, aus weiter Ferne, doch voll unendlicher Anregungen: es sind ungeführte Gespräche mit Ihnen. Vielleicht ist nichts besser als eine solche sehr lange Trennung, damit man erkenne, wie viel einem ein Mensch bedeutet."

Nun hatten beide einen großen Freundeskreis und vielerlei freundschaftliche Kontakte, trotzdem war diese neue Beziehung von besonderer Art. Hofmannsthal schreibt: „Es ist, wenn man in mein Alter gekommen ist, die Freundschaft und eine neue Freundschaft wie ein wunderbares Elixier. Man muß sich erneuern, will man nicht erstarren." Dabei war er wählerisch und anspruchsvoll, alles andere als ein einfacher Freund. Manche seiner Freundschaften waren ziemlich krisengeschüttelt. Den Schweizer Carl Jacob Burckhardt scheint er als geradezu idealtypisch empfunden zu haben: Er war hochgebildet, auf vielen Gebieten zu Hause, bewundernswert belesen und mit der Gabe kritischer Unterscheidung versehen. Freundschaft hatte für beide einen hohen Stellenwert, sie gebrauchten diesen Begriff nicht inflationär, sondern sehr behutsam. Burckhardt schrieb einmal: „Jeder von uns hat während des ganzen Lebens Hilfe nötig, und keine von uns Menschen kommende Hilfe ist stetiger als jene stille Kraft, die von der Freundschaft aus wirkt." Er misstraut aber den schnellen und unverbindlichen Freundschaftsbünden und denkt über das Wort „Freundschaft" nach, das er „eines der ehrwürdigsten Worte unserer Sprache" nennt. „Ist der Sinn dieses Wortes wirklich erfüllt, dann wächst seine Bedeutung weit über Treue oder Übereinstimmung hinaus, sie erfüllt sich in einem gemeinsamen Wollen und Streben, in einer aktiven, schöpferischen Richtung. Und doch ist aktives Helfen so selten möglich." – Und was antwortet ihm Hofmannsthal? „Lassen Sie nicht den Herbst hingehen, ohne dass wir miteinander hier einen Weg gemacht, auf einer Bank gesessen sind, zusammen die Sterne über uns gesehen haben. Freilich, verlieren können wir einander nicht, auch wenn wir uns jahrelang nicht sähen – aber es geschieht so selten, dass wir ein Wesen ganz in unser Leben hineinnehmen können, mit allem was zu ihm gehört, so ists mir mit Ihnen widerfahren – nun ist mir bange um die verfließende Zeit …" – Freundschaft muss nicht dauernd beteuert werden, sie bedarf aber der Pflege, der aktuellen Vergegenwärtigung: Man muss sich manchmal sehen, etwas gemeinsam unternehmen, sich so mitteilsam äußern, dass einer am anderen Anteil nehmen kann. Die Zeit verfliegt und wie häufig trauern wir verpassten Situationen und verschlafenen Chancen nach. In besonderer Weise erhoffte Hofmannsthal durch eine gemeinsame Reise eine Intensivierung der Freundschaft. „Sie dürfen mir jetzt nicht verloren gehen, diese nächsten Jahre, bis die paar Arbeiten fertig sind, will ich Sie nicht entbehren. Ich will mit Ihnen nach Basel fahren oder auch nicht nach Basel, aber jedenfalls einen gewissen Weg, den kann man nur im Auto machen, und zugleich wird das die einzige Sache sein, die mich erholt und ausruht, wenn schon die Ärzte immer von erholen und ausruhen reden: das ist zusammen über Passau nach Bamberg zu fahren, dann ins Fränkische weiter, den Mainlauf, dann südlich und schließlich vielleicht bis Straßburg. Das gehört zu uns, das ist was uns verbindet, das wahre Deutschland, wir wollen es zusammen sehen."

Auf wunderbar anschauliche Weise wird uns hier die Entfaltung einer Freundschaft geschildert. Noch bilderreicher hat sich Hofmannsthal geäußert, als er der Mutter Carl Jacobs, der Frau Helene Burckhardt, seinen Freund beschrieben hat: „Führt mich ein glücklicher Augenblick des Gesprächs wirklich in sein Inneres, so ist es, als betrete ich einen wohlgebauten Palast, eine schöne Treppe führt mich nach oben, schöne Zimmer öffnen sich nach links und rechts zu schönen Altanen, und ich bin ohne Ungeduld, denn wo ich mich verweile, bin ich wohlgeborgen und fühle in dem Raum, der mich gerade umgibt, sowohl den Adel der Proportion, als die Gewalt des Fundaments." In dem einen Satz zeichnet er ein wunderbares Bild von seinem

Freund: Er ist wie ein großes gastliches Haus, in dem man herumwandern kann, um sich überall wohlzufühlen, weil alles in rechten Proportionen errichtet ist, weil überall Schätze zu entdecken sind, weil man sich einfach zu Hause fühlen kann. Und auf welche Weise hat er den Freund so tief kennengelernt? Im Gespräch, im Austausch der Gedanken, in Rede und Gegenrede.

Noch spannender hat sich ja die Freundschaft von Goethe und Schiller ereignet. Hier begegneten sich sehr unterschiedliche große Geister, die voneinander eher abgestoßen als angezogen waren. Schienen sie zunächst nicht zueinander zu passen, so wurden sie schließlich unzertrennlich und befruchteten sich auf schöpferische Weise. Lange Zeit vermieden es beide, sich näherzukommen. Goethe gestand Schiller zwar ein „kraftvolles Talent" zu, hielt ihn aber für unreif; ihn stieß die „wilde Form" ab, das revolutionäre Pathos. – Und obwohl Schiller Goethes Genie erkannte, betonte er doch immer wieder ihre Unterschiedlichkeit und Fremdheit. „Öfters um Goethe zu sein, würde mich unglücklich machen: er hat auch gegen seine nächsten Freunde kein Moment der Ergießung, er ist an nichts zu fassen; ich glaube in der Tat, er ist ein Egoist in ungewöhnlichem Grade ... Er macht seine Existenz wohltätig kund, aber nur wie ein Gott, ohne sich selbst zu geben." – Als sie sich dann aber doch begegneten und die ersten intensiven Gespräche miteinander führten, änderte sich ihre Einstellung zueinander völlig. Sie erkannten nämlich ihre andersartige Veranlagung auch als eine Chance. Schiller, der eine eher philosophische Begabung hatte und von Ideen bestimmt war, die systematisch entfaltet werden mussten, gestand nun Goethe seine kontrastierende Begabung zu: Er ging ja auf induktive Weise an die Dinge heran, suchte auf empirische Weise Erkenntnis zu gewinnen und war ein Augenmensch, der sich in der Welt umschauen musste. Nun beobachteten sie beide, dass sich ihre unterschiedlichen Begabungen und Weltbetrachtungen ergänzten, dass sie sich vielleicht sogar brauchten, um die Einseitigkeit ihrer jeweiligen Herangehensweise zu korrigieren. „Die neulichen Unterhaltungen mit Ihnen haben meine ganze Ideenmasse in Bewegung gebracht", schrieb Goethe an Schiller. Und Schiller begreift, „dass die so sehr verschiedenen Bahnen, auf denen Sie und ich wandelten, uns nicht wohl früher, als gerade jetzt, mit Nutzen zusammenführen konnten." Zwei Kontrastgestalten hatten sich gefunden und waren bereit, sich aufeinander einzulassen. Goethe staunte: Aus dem unreifen Revolutionär war ein ernsthafter Gesprächspartner geworden, dem er nun schrieb: „Es scheint nun, als wenn wir, nach einem so unvermuteten Begegnen, miteinander fortwandern müssten." Und mit erstaunlicher Sicherheit entwickelt er gleich ein Konzept, wie man die Begegnung ausbauen und weiterführen könne. „Haben wir uns wechselseitig die Punkte klar gemacht, wohin wir gegenwärtig gelangt sind, so werden wir desto ununterbrochner gemeinschaftlich arbeiten können. Alles, was an und in mir ist, werde ich mit Freuden mitteilen." Was zunächst nur wie eine nüchterne Zusammenarbeit und gegenseitige Ergänzung aussieht, entwickelt sich aber im Laufe der Zeit zu einer immer intensiveren Freundschaft. Alles, was die beiden schreiben, wird nun dem anderen zugeführt, die Texte werden abgeklopft, ob sie stimmig sind und gedanklich wie sprachlich überzeugen. Die Übereinstimmung der Themen und Interessen wurde – bei aller kritischen Betrachtung – immer offensichtlicher. So kann Goethe schreiben: „Ihr Brief hat mich noch mehr in der Überzeugung bestärkt, die mir unsre Unterredung hinterlassen hatte, dass wir nämlich an wichtigen Gegenständen ein gleiches Interesse haben, und dass wir, indem wir von ganz verschiedenen Seiten auf dieselben losgehen, doch bei denselben in grader Richtung zusammentreffen und uns zu unsrer wechselseitigen Zufriedenheit darüber unterhalten können." Beide möchten einander helfen, die eigene Bruchstückhaftigkeit zu überwinden und das größere Ganze zu erreichen. „So wollen wir getrost und unverrückt so fort leben und wirken und uns in unserem Sein und Wollen ein Ganzes denken, um unser Stückwerk nur einigermaßen vollständig zu machen."

Man merkt dem Ton der Briefe an, dass sie allmählich persönlicher und wärmer werden. Am Beginn des Jahres 1795 begrüßt Goethe seinen Freund mit den Worten: „Viel Glück zum neuen Jahre. Lassen Sie uns dieses zubringen, wie wir das vorige geendigt haben, mit wechselseitiger Teilnahme an dem, was wir lieben und treiben. Wenn sich die Gleichgesinnten nicht anfassen, was soll aus der Gesellschaft und der Geselligkeit werden. Ich freue mich in der Hoffnung, dass Einwirkung und Vertrauen sich zwischen uns immer vermehren werden." Die Heimsuchungen durch Krankheiten machten Schiller in dieser Zeit sehr zu schaffen. Die Einladung nach Weimar in Goethes Haus nahm er gerne an, aber immer mit dem Vorbehalt, ob seine jeweilige körperliche Verfassung ihm die Reise erlauben würde. „Wie gerne will ich von Ihrer Einladung Gebrauch machen, sobald ich meiner Gesundheit ein wenig trauen kann, sollte ich Sie auch nur auf etliche Stunden sehen. Mich verlangt herzlich darnach, und meine Frau, die sich sehr auf diesen Besuch bei Ihnen freut, wird mir keine Ruhe lassen, ihn auszuführen." Und er ergänzt noch: „Leider nötigen mich meine Krämpfe gewöhnlich, den ganzen Morgen dem Schlaf zu widmen, weil sie mir des Nachts keine Ruhe lassen, und überhaupt wird es mir nie so gut, auch den Tag über auf eine bestimmte Stunde sicher zählen zu dürfen ... Ich bitte bloß um die leidige Freiheit, bei Ihnen krank sein zu dürfen." Offenbar wurden es trotz dieser widrigen Bedingungen sehr fruchtbare Tage, denn Schiller schreibt danach: „Ich sehe mich wieder hier, aber mit meinem Sinn bin ich noch immer in Weimar. Es wird also Zeit kosten, alle die Ideen zu entwirren, die Sie in mir aufgeregt haben, aber keine einzige, hoffe ich, soll verloren sein." Mittlerweile sind die beiden so vertraut und verbunden, dass sie einander spiegeln, sie können sich gegenseitig zu einer tieferen Einsicht in die eigene Wirklichkeit verhelfen. Goethe schreibt: „Wie viel vorteilhafter ist es, sich in anderen als in sich selbst zu bespiegeln."

Auf originelle Weise wird immer wieder die gemeinsame Arbeit auf eine griffige Formel gebracht. So heißt es einmal: „Ein guter Geist helfe uns zum Schauen, zum rechten Begriff und zum fröhlichen Wiedersehen." Zunächst muss also das Auge geöffnet werden, um zur rechten Klärung zu kommen, aber erst beim fröhlichen Wiedersehen muss sich erweisen, ob sich das Formulierte im Austausch bewährt. Die erhoffte Leichtigkeit muss übrigens erst durch harte Arbeit gewonnen werden. „So viel hab ich nun aus gewisser Erfahrung, dass nur strenge Bestimmtheit der Gedanken zu einer Leichtigkeit verhilft." – Manchmal wird den beiden bewusst, dass ihre Freundschaft ein besonderes Geschenk ist und höchstens mit den großen Freundschaftsgestalten der Vergangenheit verglichen werden kann. „Leben Sie jetzt wohl, mein geliebter, mein verehrter Freund. Wie es mich rührt, wenn ich denke, dass, was wir sonst nur in der weiten Ferne eines begünstigten Altertums suchen und kaum finden, mir in Ihnen so nahe ist. Wundern Sie sich nicht mehr, wenn es so wenige gibt, die Sie zu verstehen suchen." Man muss also schon auf die Antike zurückgreifen, um eine Parallele zu finden für die eigene glückhafte Beziehung. – Aber mittlerweile sind die beiden in eine solche – ja, kann man sagen – Abhängigkeit geraten, dass sie ohne die Zuwendung, den Beistand und die kritische Verstärkung des anderen gar nicht mehr auskommen können. „Ihre Briefe sind jetzt meine einzige Unterhaltung, und wie dankbar ich Ihnen sei, dass Sie mir so auf einmal über so viel weghelfen, werden Sie fühlen", schreibt Schiller, und Goethe antwortet: „Ich bitte Sie nicht abzulassen, um, ich möchte wohl sagen, mich aus meinen eigenen Grenzen hinauszutreiben." – Da Goethe für lange Zeit nicht mehr am Faust gearbeitet hatte (das Manuskript lag dick verpackt in einem Schrank), drängte ihn Schiller immer wieder, sich endlich erneut an das große Projekt zu machen. Und tatsächlich geht Goethe auf diesen Vorschlag ein. „Da es höchst nötig ist, dass ich mir, in meinem jetzigen unruhigen Zustande, etwas zu tun gebe, so habe ich mich entschlossen, an meinen Faust zu gehen und ihn, wo nicht zu vollenden, doch wenigstens um ein gut Teil weiter zu bringen." Ja, er bittet sogar den Freund, er möge das ganze Material kritisch durchgehen „und so mir meine eignen Träume, als ein wahrer Prophet, zu erzählen und zu deuten." Das „Rohmaterial" des Faust war offenbar ein solcher Textdschungel geworden, dass Goethe hoffte, Schiller könne eher einen Weg aus dem Labyrinth finden als er selbst. Mit einer erstaunlichen Offenheit spricht Schiller auch die fragwürdigen Seiten in Goethes Werk an. Und Goethe nimmt eine solche Freiheit des Wortes nicht nur nicht übel, sondern bedankt sich ausdrücklich dafür. Schiller, so erkennt er, hat mich „auf mich selbst zurückgeführt, Sie haben mich die Vielseitigkeit des innern Menschen mit mehr Billigkeit anzuschauen gelehrt, Sie haben mir eine zweite Jugend verschafft und mich wieder zum Dichter gemacht, welches zu sein ich so gut als aufgehört hatte."

Die letzten Lebensjahre verbrachte Schiller in Weimar und er traf sich fast täglich mit Goethe. „Ich bin es diese Tage her so gewohnt worden, dass Sie in der Abendstunde kamen und die Uhr meiner Gedanken aufzogen und stellten, dass es mir ganz ungewohnt tut, nach getaner Arbeit, mich an mich selbst verwiesen zu sehen", schreibt Schiller, und wie das Fazit ihrer Freundschaft klingt sein Wort: „Es ist eine rechte Gottesgabe um einen weisen und sorgfältigen Freund." Der Briefwechsel der beiden ist – neben allem anderen – ein bedeutsames Zeugnis ihrer Freundschaft, ein wahrhaft erstaunliches Dokument.

Es gibt so viele große Freundschaften, dass man gar nicht aufhören möchte, auf sie hinzuweisen und aus ihren Zeugnissen zu zitieren. Was kann man alles aus den Briefen von Hölderlin lernen, den Mörike-Briefen. Was für ein spannendes Freundesduo waren Achim von Arnim und Clemens Brentano! Wie poetisch liest sich der Briefwechsel der Bettine Brentano mit ihrer Freundin Caroline von Günderode. Und die Briefwechsel von Thomas Mann, von Gottfried Benn, von Hermann Hesse und vielen anderen führen uns in die Gegenwart hinein. – Hier konnten nur ein paar Beispiele herangeführt werden, die aber vielleicht Lust erzeugt haben, selbst solchen wunderbaren Dokumenten nachzugehen.

„Freunde habe ich euch genannt"

„Nicht mehr Knechte nenne ich euch, denn der Knecht weiß nicht, was sein Herr tut. Euch habe ich Freunde genannt, denn alles, was ich von meinem Vater gehört habe: euch habe ich es kundgetan" (Joh 15,15). – Dieses Jesuswort aus den Abschiedsreden des Johannesevangeliums hat für mich in letzter Zeit eine besondere Aktualität bekommen. Warum? Jesus setzt hier offensichtlich nicht auf eine straff organisierte Bewegung mit einer klaren Hierarchie, er möchte einen Freundeskreis stiften, der sich innerlich verbunden weiß und aus einer freudigen Verbundenheit heraus wirksam werden will. Er will keine blinden Gefolgsleute, keine naiv ergebenen Handlanger, er wählt sich Freunde, damit sie seinen Geist der Freundschaft in die Welt tragen.

Erinnern wir uns, wie Jesus seinen Jüngerkreis berufen hat. Jeder Einzelne wird aus seiner bisherigen Lebenswelt herausgeholt, Jesus schaut ihn an, ruft ihn bei seinem Namen oder gibt ihm sogar einen neuen Namen. – Er nimmt seine Freunde mit auf seinen Weg, wandert mit ihnen, teilt sein Brot oder ist bereit, mit ihnen auch den Hunger durchzustehen. Er erträgt mit ihnen Hitze und Kälte, freut sich, wenn sie ein Quartier finden, und erträgt es auch, wenn sie nichts haben, worauf sie ihr Haupt legen können. – Er feiert mit ihnen Feste und freut sich mit den Freudigen, so wie er mit den Trauernden trauert. – Er vertraut ihnen seine Geheimnisse an, erwartet etwas von ihnen und schenkt ihnen sein Vertrauen. – Er redet ihnen manchmal auch ins Gewissen und macht ihnen Vorwürfe, wenn sie sich Posten erhoffen oder an ihre Karriere denken. Er will nicht, dass sie in Abhängigkeit zu ihm bleiben, deshalb sendet er sie aus, damit sie sich in der Fremde bewähren. – Manchmal nimmt er sie zu sich in die Kammer und sie dürfen ihm im vertrauten Gespräch ganz nah sein. – Er betet mit ihnen und leitet sie zum Gebet an. – Er bewahrt auch seine eigene Einsamkeit und geht manchmal allein auf den Berg, um zu beten. – Er vertraut ihnen beim Abschied sein Erbe an.

Was heißt das für uns? Ist etwas von diesem Geist einer freundschaftlichen Verbundenheit in unseren Kirchen noch lebendig geblieben? In unseren Breiten ist die Volkskirche keine Selbstverständlichkeit mehr, wir werden immer mehr eine kleine Herde, stehen oft vereinzelt da und können nicht mehr davon ausgehen, von einer umfassenden Gemeinschaft getragen zu werden. Umso mehr kommt es darauf an, dass die Gläubigen sich finden, auch wenn sie nicht mehr in einer Gemeinde zusammenwohnen, sondern vielleicht in verschiedenen Städten ihre Heimat gefunden haben. Und weil wir eine mobile und flexible Gesellschaft geworden sind, wird von uns erwartet, ohne großen Aufwand unser Zelt abzubauen und irgendwo in der Fremde wieder heimisch zu werden. – Was nehmen wir mit? Unsere Überzeugungen, unseren Glauben. Der aber ist auf Gemeinschaft angewiesen. Wenn wir auch wieder an dem neuen Ort Menschen finden, mit denen wir uns verbunden fühlen, die uns verstehen, uns Anregungen geben können, uns aber auch in einer Krise beistehen, dann entsteht bald ein Heimatgefühl, das uns trägt.

Das Wort Jesu von unserer Berufung zur Freundschaft wird für mich durch ein anderes Jesuswort ergänzt und konkretisiert: „Wo zwei oder drei auf meinen Namen hin versammelt sind, da bin ich mitten unter ihnen" (Mt 18,20). Diese tröstliche Zusage ist aber auch anspruchsvoll: Wir sollen durch unser ganzes Dasein dazu beitragen, dass wir – wir zwei oder drei! –

auf eine solche Art und Weise zusammenkommen, dass sich die Gegenwart Jesu einstellen kann, durch uns nämlich, nicht aus eigenen Stücken, sondern aus Gnade, aber immerhin durch unser Personsein, durch die Präsenz unserer Eigenart, durch unsere Gaben und Talente. Wenn wir einen Bund der Freundschaft stiften, im Namen Gottes oder im Namen Jesu, dann vergegenwärtigen wir Gottes Freundschaft durch unser Dasein. Und es ist ja wirklich oft ein Wunder, einen Freund zu finden, eine Freundin, die plötzlich so mit uns einschwingen und uns ergänzen kann, dass wir nicht mehr aus dem Staunen herauskommen. Mir fällt ein Wort von Simone Weil ein: „Christus hat nicht gesagt: zweihundert, oder fünfzig, oder zehn. Er hat gesagt: zwei oder drei. Er hat genau gesagt, dass er stets der Dritte ist in der Vertraulichkeit des innigen Beisammenseins."

Wir leben in einer Welt, in der der Geist der Freundschaft nicht das Alltägliche und Selbstverständliche ist, im Gegenteil: Rivalität und (geheime) Gegnerschaft sind oft viel auffälliger, gegenseitige Verdächtigungen sind an der Tagesordnung, deshalb besteht bei vielen vor allem die Neigung, sich zu distanzieren und trennende Zäune aufzubauen.– Eigentlich müsste ja gerade von uns Christen ein Impuls ausgehen, es viel konsequenter mit der Freundschaft zu versuchen. Das setzt voraus, zunächst einmal nicht mit Reserven und Vorurteilen auf andere zuzugehen, sondern in der Zuversicht, dass mit jedem Menschen ein Geschöpf Gottes auf uns zukommt, das nach anderen ausschaut, auf andere angewiesen ist und Sehnsucht nach menschlicher Gemeinschaft hat, letztlich nach Liebe. Und wie kann denn eine Atmosphäre der Freundschaft entstehen? Erinnern wir uns doch einmal, wie die Freundschaften, die unser Leben befruchtet und uns glücklich gemacht haben, angefangen haben. Da hat uns ein Mensch anders angeschaut als die übrigen, in seiner Stimme war ein anderer Ton, da war einer bereit, sich auf uns einzulassen, uns zuzuhören, uns zu helfen und sich helfen zu lassen. Da wurden gemeinsame Interessen entdeckt, Pläne ausgeheckt und Perspektiven entwickelt. Freundschaften haben wesentlich dazu beigetragen, dass wir die werden konnten, die wir sind, sie haben schlafende Kräfte aufgeweckt und unsere Tatkraft in Gang gesetzt. Wo Freundschaften entstehen und sich fruchtbar auswirken, da keimt Hoffnung und Zuversicht auf, es öffnet sich ein Raum der Zukunft.

Ein Blick in die Kirchengeschichte macht uns deutlich, welche Bedeutung Freundschaften und Freundeskreise für die Ausbreitung der Kirche, die Erneuerung in Krisenzeiten und die Bewältigung neuer Aufgaben gehabt haben. Wie oft waren es Freundeskreise, die – angestoßen von einer charismatischen Persönlichkeit – neue Orden gegründet haben und einen frischen Wind in eine selbstzufriedene oder müde gewordene Kirche gebracht haben. Anders kann man den freudigen Sturmlauf Bernhards von Clairvaux oder die ganze jugendliche Bewegung des Franz von Assisi gar nicht verstehen. Und auch die Begeisterung der Reformatoren ist vom gleichen Impuls erfüllt.

Wenn wir in die Gesellschaft unserer Tage schauen, dann kann uns erschrecken, wie sich überlieferte Gemeinschaftsformen auflösen: Die Familie hat immer noch eine Prägekraft, aber ihr Einfluss geht zurück. Die „Sippe" trägt nicht mehr, wir werden in eine neue Freiheit, aber auch eine Beliebigkeit entlassen. Wie oft begegnet uns eine erschreckende Vereinsamung bei den Menschen der Gegenwart, sie fühlen sich isoliert und ausgegrenzt. Auch eine oberflächliche Geselligkeit und eine massenhaft organisierte Unterhaltung zum „Zeitvertreib" hilft nicht zu einer Sinnfindung des eigenen Daseins. Eine Gegenbewegung ist also unabdingbar, wir brauchen neue Formen des Zusammenlebens, brauchen geistige Anregungen, ästhetisch anspruchsvolle Formen kulturellen Austauschs. Es müssten sich überall „Wahlverwandtschaften" bilden, Gruppen von Menschen, die sich als zusammengehörig empfinden und bereit sind, sich mit einer gewissen Regelmäßigkeit zu treffen, um sich im Gespräch auszutauschen und die Aufgaben anzupacken, die sich konkret stellen. Dazu gehört durchaus auch eine spielerische Form der Geselligkeit, die aber verbunden sein muss mit der Ernsthaftigkeit einer großen Aufgabe. Ein Freundeskreis ist mehr als eine Arbeitsgemeinschaft, weil sich das Gefühl der Verbundenheit nicht nur durch das gemeinsame Tun gebildet hat, sondern auf einer seelischen Verbundenheit beruht. Siegfried Kracauer sieht den Sinn der Freundschaft „im Zusammenklang der Persönlichkeiten", die sich ergänzen und gegenseitig fördern. Mir scheint, der „christliche" Charakter einer Freundschaft kommt darin zum Ausdruck, dass sich Freunde nicht abschließen und sich selbst genug sind, sondern dass eine Offenheit gelebt wird und eine Bereitschaft erkennbar ist, für andere da zu sein. Wenn uns das Geschenk der Freundschaft zuteil wurde, dann ist eine Verpflichtung damit verbunden, sich für andere einzusetzen: Unsere Gemeinschaft soll abfärben und andere anstecken.

Hat das alles etwas mit unserer Kirchenkrise zu tun und mit der Frage, wie sich die Kirche weiterentwickelt und welche Perspektiven sie in die Zukunft entwirft? Wir wissen nicht, wie sich „Kirche" in einer Generation oder in hundert Jahren darstellt und welche Formen des Miteinanders sie entwickeln wird. Es mag sein, dass der Kirchenbau und der kultische Raum künftig nicht mehr die gleiche Bedeutung haben wie in der Vergangenheit. Wo auch immer sich Christen treffen, vergegenwärtigt sich damit auch Kirche. „Warum wird die Zusammenkunft von zwei oder drei Christen in Christi Namen nicht als Sakrament angesehen?", hat Simone Weil gefragt. Sie entwickelte eine neue Sehweise: „Man darf wohl vermuten, dass die Freundschaft, gleich der Nächstenliebe, etwas wie ein Sakrament in sich schließt." – Christen sollten viel deutlicher ihre Verbundenheit untereinander entdecken: Wir sind voneinander abhängig und aufeinander angewiesen. Auch in der Kirche, auch im Gottesdienst brauchen wir neue Begegnungsformen, Fröhlichkeit und Ernst, spielerische Leichtigkeit und Kreativität der Mittel sind gefragt. Wir sind auf Geburtshelfer angewiesen, auf Menschen, die die Kraft und die Fähigkeit haben, andere um sich zu scharen und in ihnen das Gefühl der Verbundenheit zu wecken. Dann können wir uns gegenseitig die Augen öffnen, können die Stummen reden machen, können den Freudlosen wieder die Freude schenken.

Jesus hat seine Jünger Freunde genannt. Er wollte, dass aus dieser ersten lebendigen Zelle viele weitere Freundschaftszellen entstünden. Ein mittelalterlicher Theologe, Aelred von Rieval, hat den Satz gewagt: „Ich sage von der Freundschaft, was Johannes, der Freund Jesu, über die Liebe sagt: ‚Deus amicitia est' – Gott ist Freundschaft."

Gibt es noch den Freundesbrief?

Der Brief hat es heutzutage nicht leicht. Es haben sich so viele andere Formen und Medien der Kommunikation in der Gegenwart etabliert, dass sich manche Zeitgenossen das Briefeschreiben im klassischen Sinn abgewöhnt haben. Natürlich: Es wird heute viel mehr telefoniert, E-Mails fliegen in Windeseile vom einen zum andern, was ja sicher zur Verbundenheit zwischen befreundeten Menschen beiträgt. Allerdings: Der Anruf verweht auch wieder schnell, ein E-Mail wird selten ausgedruckt, wir sollten deshalb dem Brief nach wie vor eine Chance einräumen. Zugegeben: Ein Brief ist schwerfällig: Man muss sich hinsetzen und seine Gedanken mühselig formulieren, braucht ein Kuvert und eine Briefmarke, muss einen Briefkasten suchen ... Und dann geht der Brief auf die Reise – wer weiß, in welcher Verfassung der Adressat ist, wenn er mein Schreiben bekommt. Vielleicht ist er missmutig, hat Kopfschmerzen, ist in Zeitnot und fühlt sich von meinem Brief nur gestört. Bei einem Telefonanruf kann er gleich sagen, wie es mit ihm steht, dann verschieben wir unseren Plausch. Aber der Brief hat nun einmal seine Form gefunden, nun liegt er da und will ernst genommen werden. Und dann kommt noch dazu, dass sich mein Zustand, wie er während des Schreibens gewesen ist, radikal geändert haben kann, sodass der Adressat einen völlig falschen Eindruck von mir und meinem jetzigen Zustand bekommen kann, wenn er meinen Brief liest. Wir sind im Zeitalter der schnellen Verbindungen angekommen, der langatmige und geruhsam dahinschleichende Brief hat offenbar keine Chance mehr. – Ist also die Ära des Briefeschreibens vorbei und nicht mehr zum Leben zu erwecken?

Rainer Maria Rilke, ein leidenschaftlicher Briefschreiber, konnte sagen: „Ich halte den Brief noch für ein Mittel des Umgangs". Er lebte gewissermaßen von den Briefen, die er empfing, und strömte sich aus in seinen Briefen. Das Netz seiner Freunde wurde durch die regelmäßigen Briefe lebendig gehalten, es war ihm wichtig, weil es dazu beitrug, ein Gefühl der Beheimatung zu schaffen. Aber der Brief hatte auch noch eine andere Funktion: Er wollte sich schreibend über manche Dinge Klarheit schaffen, die Formulierungen in seinen Briefen waren auch tastende Versuche, einen Sachverhalt zu klären und eine begründete Meinung zu finden.

Vor allem aus der Goethezeit und der romantischen Ära gibt es wunderbare Briefwechsel, die zu den wichtigsten kulturellen Dokumenten ihres Zeitalters geworden sind und eine poetische Kraft haben, die uns immer noch tief beeindruckt. Aber auch die Briefwechsel mancher Philosophen und Wissenschaftler haben eine überzeitliche Bedeutung bekommen, ohne die wir die Geisteswelt ihrer Zeit und die intellektuelle Entwicklung von geistigen Bewegungen kaum mehr nachvollziehen und verstehen könnten.

Nun gut, aber wie steht es heute? Vielleicht haben wir es in unserer eiligen und schnell weiterhuschenden Zeit nötig, auch einmal andere Akzente zu setzen und sollten als Heilmittel gegen die Zeithetze und als Förderung einer notwendigen Entschleunigung dem Brief wieder eine Chance geben. Geben wir es doch zu: Wenn ich mich hinsetze, um einem Freund oder einer Freundin einen Brief zu schreiben, dann muss ich ihn oder sie erst einmal vergegenwärtigen, sie also in meine Nähe rufen, damit ich nicht ins Anonyme schreibe, sondern ein Gesicht vor mir sehe. Und für die Formulierung meiner Gedanken brauche ich Zeit, ich muss überlegen, ob das, was ich schreibe, verstanden werden kann und ob es dem entspricht, was ich sagen will. Und wenn ein Brief nicht nur eine knappe Information ist, sondern ein gedanklicher Beitrag, dann darf er ja auch etwas länger ausfallen.

Natürlich werfe ich viele Briefe weg: Wenn ich sie gelesen und die Nachricht empfangen habe, dann haben sie ja auch ihre Funktion erfüllt. Aber es gibt Briefe, da hängt mein Herz dran. Sie sind so liebevoll geschrieben oder haben eine solche Bedeutung für mich bekommen, dass ich sie als kostbaren Schatz verwahre und manchmal aus ihrer Schatulle nehme, um sie wieder zum Sprechen zu bringen. Vielleicht möchte ich eine längst vergangene Zeit wieder heraufrufen und beleben, vielleicht ist der Briefschreiber längst gestorben und nun höre ich gleichsam wieder seine Stimme, vielleicht hat der Brief auch einen so poetischen Schwung, dass ich ihn in einer Phase der Traurigkeit oder der seelischen Müdigkeit brauche, um wieder Zuversicht und Lebensmut zu gewinnen.

„Ein Brief ist eine Seele", sagt Balzac. „Er ist ein so treues Abbild der geliebten Stimme, die spricht, dass empfindsame Seelen ihn zu den köstlichsten Schätzen der Liebe zählen." Ich vermute, jeder kann sich an Situationen erinnern, in denen er sehnlichst einen Brief erwartete und durch einen endlich erhaltenen Brief zutiefst getröstet und mit Freude erfüllt worden ist. Herder schrieb an seinen Sohn August: „Meine Gedanken sind oft bei Dir, dass, wenn Du sie sehen und mit ihnen sprechen könntest, Du mich oft an Deiner Seite fändest. Ich weiß nicht, welch ein Zug mich immer zu Dir hinreißt und Dich mir vor Augen stellt." Ein solcher Brief kann wie ein Talisman empfunden werden, der gleichsam eine schützende und begleitende Wirkung entfaltet.

Geben wir es zu: Briefe können auch Missverständnisse auslösen und Ärger verursachen. In gewisser Weise bleibt ja der Schreiber immer einer, der seine Gedanken nicht wirklich adäquat formulieren kann, sie vielmehr umschreibt und andeutet und damit auch einer falschen Lesart Tür und Tor öffnet. Franz Kafka war zwar ein geradezu fanatischer Briefschreiber, aber seiner Freundin konnte er schreiben: „Sie wissen ja, wie ich Briefe hasse. Alles Unglück meines Lebens kommt, wenn man will, von Briefen oder von der Möglichkeit des Briefschreibens her." Aber das schreibt er ausgerechnet in einem Brief, und wir wissen, dass der gleiche Kafka sehnsüchtig auf Briefe gewartet hat und geradezu verhungerte, wenn sie ausblieben. Und doch schreibt er: „Wie kam man nur auf den Gedanken, dass Menschen durch Briefe miteinander verkehren können! Man kann an einen fernen Menschen denken und man kann einen nahen Menschen fassen, alles andere geht über Menschenkraft." Das klingt wie eine abgrundtiefe Resignation, und wirklich liegt ja auch im Liebesbrief eine Tragik, vor allem dann, wenn sich zwei nicht treffen können, obwohl sie nach einander verlangen. „Geschriebene Küsse kommen nicht an ihren Ort, sondern werden von den Gespenstern auf dem Wege ausgetrunken", sagt deshalb Kafka.

Aber damit können wir uns nicht abfinden. Zu oft haben wir andere Erfahrungen gemacht und sind gleichsam zu einem neuen Leben erwacht, als endlich der ersehnte Brief ankam und unsere verschütteten Lebensgeister wieder geweckt hat. Plötzlich hausen wir nicht mehr auf der einsamen Insel, sondern spüren einen Brückenschlag.

Mich haben immer ganz besonders die Abschiedsbriefe der zum Tode verurteilten Widerstandskämpfer des Dritten Reiches beeindruckt und erschüttert. Der Brief wird zum letzten

Lebenszeichen; er wird gelesen, wenn der Schreiber schon hingerichtet und irgendwo verscharrt ist. In solchen Fällen bekommen Briefe eine neue Dimension, sie werden zum zeugnishaften Dokument und prägen sich dem Gedächtnis ein. „Lieber Alfred Sebastian", schreibt Pater Alfred Delp wenige Tage vor seiner Hinrichtung an sein gerade geborenes Patenkind, „als große Freude und Ermunterung erhielt ich heute die Nachricht von Deiner Geburt. Ich habe Dir gleich mit meinen gebundenen Händen einen kräftigen Segen geschickt, und da ich nicht weiß, ob ich Dich im Leben je sehen werde, will ich Dir diesen Brief schreiben, von dem ich aber auch nicht weiß, ob er je zu Dir kommen wird."

Vielleicht ist ja jeder Brief eine Flaschenpost, die wir dem Meer anvertrauen in der Hoffnung, dass er einen Adressaten erreicht. Wird er sich für die Nachricht öffnen oder wird er sie achtlos wegwerfen? Wer Briefe schreibt, der schaut noch aus und hofft auf ein Echo. Ob unsere Welt eine Wüste wird oder ein Garten, das hängt wesentlich davon ab, ob wir Menschen uns als zusammengehörig erleben und versuchen, ein Netz der Verbundenheit aufzubauen. Briefe halten dieses Netz stabil und sorgen dafür, dass ein verbindender Strom uns immer verbindet, nicht nur oberflächlich und formelhaft, sondern bis in die Tiefe gehend.

„Ihr seid eingeladen"

Über die Gastfreundschaft

Unbehaust können wir nicht leben. Aber es genügt uns auch nicht, ein Dach über dem Kopf und eine beheizbare Stube zu haben, wir brauchen lebendige Wesen, mit denen wir zusammenleben, aber auch solche, die irgendwo sonst ihre Bleibe haben, sich aber mit uns verbunden fühlen, Menschen, die manchmal bei uns sein wollen oder uns zu sich in ihr Heim einladen. Man könnte den Menschen als das Wesen definieren, das auf Gastfreundschaft angewiesen ist. Kein Kind kann geboren werden, wenn ihm die Mutter nicht in ihrem Leib Gastrecht gewährt. Vielleicht ist das Dasein des Embryo im Mutterleib sogar die Urform, das Grundmodell, jeder Gastfreundschaft. Das Kind beansprucht Raum, es will aufgenommen und angenommen werden, es hofft, ein willkommener Gast zu sein und gut aufgenommen und genährt zu werden, bis es seinen eigenen Weg gehen kann.

Aber wir hören nicht auf, um Gastfreundschaft zu bitten und sie wahrzunehmen. Wir leben auf einer gastlichen Erde, dürfen uns auf ihr zu Hause fühlen – und müssen lernen, dass die anderen Menschen das gleiche Recht beanspruchen und wir es ihnen nicht verwehren dürfen. Wenn wir die Gastfreundschaft pflegen, dann tragen wir dazu bei, Querverbindungen zu schaffen zwischen den verschiedenen Menschen. Wir sind ja dabei, die Menschheit als Völkerfamilie zu begreifen, die bei aller Verschiedenheit sich als differenzierte Einheit verstehen muss. Und weil wir nicht „alle Welt" einladen können, üben wir uns ein, indem wir zunächst einmal die uns vertrauten Menschen zu uns bitten, um dann vielleicht auch Fernerstehenden einen Platz an unserem Tisch zu gewähren. Voraussetzung ist, dass wir uns nicht in unserem Haus als unserer Festung verbarrikadieren, sondern für eine offene Tür sorgen.

In der Antike war es selbstverständlich, einen Reisenden oder Pilgernden als Gast aufzunehmen, man musste ihn zunächst einmal beherbergen und beköstigen, bevor man ihn nach seinem Namen, seiner Herkunft und seinem Reiseziel befragte. Wer als Fremder zu „Freunden des heiligen Gastrechts" gekommen war, wie es in der Odyssee heißt, der konnte sich darauf verlassen, in Sicherheit zu sein und sich in aller Ruhe auf die Weiterreise vorbereiten zu können. Solche Gäste suchte man sich nicht aus, sie schneiten einem ins Haus und hatten ein Anrecht darauf, wenigstens eine Weile aufgenommen zu werden. Dem Fremden war die Tür zu öffnen, ohne dass man seine „Würde" überprüfte. Das gemeinsame Mahl machte ihn zum Hausgenossen und damit konnte er Schutz und Obhut erwarten.

Beim Abschied sagte der Fremde:

> „Zeus beschere dir, Freund, und die andern unsterblichen Götter
> Was du am meisten verlangst, weil du so gütig mich aufnahmst."

Auch die Bibel weiß um die Not der Heimatlosen und um die Demütigung, die mancher zu erdulden hat, wenn er als mittelloser Fremder darum bitten muss, einen Unterschlupf zu finden. „Das Wichtigste zum Leben sind Brot und Wasser, Kleidung und Wohnung, um die Blöße zu decken. Schlimm ist ein Leben von einem Haus zum andern; wo du fremd bist, darfst du den Mund nicht auftun. Für einen Mann der Bildung ist es hart, geschmäht zu werden, wenn man in der Fremde lebt" (Sir 29, 21, 24.28a).

Deshalb hat man den Israeliten immer wieder eingeschärft, dass sie lange herumgewandert waren und keine feste Bleibe hatten. Wer sich daran erinnert, kann sich nicht herzlos gegen die Fremden verhalten. Die Erinnerung an die eigene Demütigung, an das Sklavendasein, soll jedes Gefühl des Hochmuts verhindern und die Herzen und die Häuser öffnen. „Einen Fremden sollst du nicht ausnützen oder ausbeuten, denn ihr selbst seid in Ägypten Fremde gewesen" (Ex 22,20). „Denk daran: Du bist in Ägypten Sklave gewesen" (Dtn 16,12).

Im Judentum ist die Gastfreundschaft eine bedeutsame Verpflichtung geblieben. Dem Hausherrn wurde geraten: „Deine Wohnung soll weit offen stehen. Arme mögen deine Hausgenossen sein."

Vor allem bei den Festen, z. B. beim Passahmahl, sollten die Türen geöffnet sein, weil dieser Tag daran erinnerte, wie das Volk von der Knechtschaft befreit worden war. Der Hausvater hob die Sederschüssel empor und sprach: „Dies ist das Brot des Elends, das unsere Väter im Lande Ägypten aßen. Jeder, der hungert, der komme und esse, und jeder, der es nötig hat, komme und feiere mit uns Passah."

Das Neue Testament steht bewusst in dieser großen Tradition und betont ebenfalls die Bedeutung der Gastfreundschaft. Jesus wird uns in den Evangelien als Wanderer und Prediger vorgestellt, der durch das Land zieht und darauf angewiesen ist, gastlich aufgenommen zu werden. Er freut sich, wenn er eingeladen wird, geht dabei zu Hochgestellten und zu Armen, sogar zu den Verachteten setzt er sich an den Tisch. Aber er sorgt auch dafür, dass die Menschen, die ihm in die Wüste gefolgt sind und nun Hunger bekommen haben, gespeist werden können und satt werden.

Und Paulus greift dieses Prinzip wieder auf und erhofft sich von der jungen Kirche einen Geist der gastlichen Bereitschaft: „Seid herzlich zueinander in brüderlicher Liebe. Seid um die Bedürfnisse der Heiligen besorgt. Seid auf Gastfreundschaft bedacht. Segnet eure Verfolger. Seid eines Sinnes. Haltet Friede mit allen Menschen. Wenn dein Feind hungert, gib ihm zu essen und zu trinken" (Röm 12,10–20).

Zur Strahlkraft der jungen Kirche hat wohl auch die gelebte Gastfreundschaft der Christen gehört. Man muss sich die Menschen der Spätantike durchaus als mobile Wanderer vorstellen, und es muss für sie eine große Freude gewesen sein, überall in den Städten des riesigen römischen Reiches Glaubensbrüder und -schwestern anzutreffen, bei denen sie gastfreundlich aufgenommen wurden. Von Klemens von Rom wird das Wort überliefert: „Wer als Gast bei euch weilte, hat er nicht euren herrlichen und festen Glauben erfahren, eure Frömmigkeit in Christus bewundert, die großartige Weise eurer Gastfreundschaft rühmend verkündet?"

Vor allem die Klöster haben es sich dann zu eigen gemacht, diese Gastlichkeit vorzuleben und Zeichen zu setzen für eine Haltung der Offenheit. „Porta patet – cor magis", das stand auf vielen Türen. „Die Pforte steht offen, mehr noch das Herz." Ein anspruchsvolles Motto, hoffentlich ist man ihm auch gerecht geworden.

Es ist gut, sich an diese große Traditionslinie zu erinnern, in der wir stehen, denn wir wollen uns ja ebenfalls in die Gastfreundschaft einüben und fangen sinnvollerweise mit unseren persönlichen Freunden an. Und weil die gewöhnlich gar nicht alle am gleichen Ort wohnen, sondern im Laufe der Zeit in alle vier Winde verweht werden, müssen wir Sorge dafür tragen, dass das Gefühl der Verbundenheit erhalten bleibt und damit auch der Wunsch, sich wiederzusehen. Natürlich, es gibt den Brief, es gibt das Telefon, das Internet und alle möglichen anderen Hilfsmittel, die dazu beitragen können, die Verbindung nicht abreißen zu lassen. Aber was ist das alles im Vergleich zu einer leibhaftigen Begegnung, bei der man sich gegenübersitzen kann, um zu essen und zu trinken, um Erinnerungen auszutauschen und halbe Nächte lang sich dem Gespräch hinzugeben.

„Der Mensch lebet nicht bloß von geräuchertem Fleisch und Spargel, sondern, was mehr ist, von einem freundlichen Gespräche, mündlich oder schriftlich", hat Lessing an seine Braut geschrieben. Es steckt in uns eine unstillbare Sehnsucht nach der freundschaftlichen Verbindung zu anderen Menschen, und wir sind oft bereit, große Reisen zu unternehmen aus dem einzigen Grund, um die geliebten Freunde wieder zu sehen und mit ihnen zusammenzusitzen. Und ein solcher Besuch sollte nicht nur eine Stippvisite sein; Friedrich Rückert mahnt deshalb:

> Der Freund, der lang uns ließ auf seine Ankunft hoffen,
> Darf nicht gleich wieder gehn, wann er erst eingetroffen.

Eine unterschwellige Verbundenheit zwischen Freunden führt ja dazu, dass man aneinander denkt und vielleicht sogar ein stilles Gespräch mit ihm führt. Wenn sich aber ein ganz reales Treffen am Horizont abzeichnet, dann steigt auch die gespannte Erwartung und Vorfreude, es werden schon Überlegungen angestellt, was man denn alles unternehmen könne und welche Themen unbedingt besprochen werden müssten. Manche legen sich eine ganze Liste an, damit nur ja nicht vergessen wird, was seit Langem auf die ausführliche Behandlung wartet. Wir wollen uns vergewissern, dass wir nicht allein in der Welt leben und nicht die Einzigen sind, die sich mit bestimmten Gedanken herumschlagen. Und manche offenen Fragen lassen sich nun einmal nicht allein beantworten, da muss ein Gegenüber dabei sein, einer, der ergänzt, korrigiert, eine Gegenmeinung einbringt und mir hilft, eine Lösung herbeizuführen.

„Du warst der Einzige, der mich trägt, ich könnte von mir selber lassen, nur nicht von Dir", schreibt Karl Friedrich Zelter an Goethe, und er fügt gleich noch dazu: „Sage mir, zu welcher Stunde ich zu Dir komme."

Es gibt die überraschenden Besuche, die sich wie plötzliche Überfälle ereignen, aber normalerweise melden wir uns an, damit wir nicht als unerwünschte Gäste erscheinen, die dem Gastgeber zur Last fallen. Oder halten wir es mit Joachim Ringelnatz:

> Ich nenne keine Freundschaft heiß,
> die niemals, wenn's ihr unbequem,
> den Freund zu überraschen weiß
> trotzdem.
> Denn wenn sie Zeit und Mühe scheut,
> ein Unverhofft zu bringen,
> das einen Freund unendlich freut,
> dann hat sie keine Schwingen.

Allerdings: Jede Freundschaft leidet darunter, wenn sie „Zwecke" erfüllen soll, wenn hinter dem Besuch eine Absicht steht: ein Geschäft und ein vertraglicher Abschluss sind zu tätigen, eine Unternehmung wird vorbereitet und man möchte den Partner kennen lernen. Konventionelle und gesellschaftliche Verpflichtungen führen zu einem „Arbeitsessen", wobei die Hausfrau nur als Köchin, andere Familienmitglieder nur für die Vorbereitung missbraucht werden, aber beim Gespräch selbst nicht mehr erwünscht sind. – „Schließe Freundschaft mit eines Menschen Güte, nicht mit seinem Gut", sagt ein chinesisches Sprichwort.

Zugegeben: Es gibt schwierige Gäste. Wer sich vom Morgen bis zum Abend umsorgen lassen möchte, Ansprüche stellt und den Rhythmus eines Haushalts stört, der wird bald selbst als Störenfried empfunden. Aber auch der Gastgeber kann es mit seiner Gastlichkeit übertreiben, wenn er seinen Gästen ein umfangreiches Programm aufnötigt, das unbedingt eingehalten werden muss. Dann wird er von Pontius zu Pilatus gehetzt, muss ein halbes Dutzend Museen abschreiten, obwohl er doch vielleicht mehr Lust auf entspannte Gespräche hatte. Wie schön, wenn sich der Gast nicht gegängelt fühlt, sondern am Leben der Familie teilhaben kann und auch zupacken darf, wenn er gebraucht wird. Und als Wohltat wird er es empfinden, auch einmal in sein Zimmer zu verschwinden, um ganz für sich zu sein.

Ich bin angekommen

Lange ließ ich auf nachricht
euch warten

Ich habe getastet

Doch ich bin angekommen

Auch dies ist mein land

Ich finde den lichtschalter schon
im dunkeln[1]

Reiner Kunze hat diese Verse geschrieben, sie sind eine Lobeshymne auf die Freunde und ihre Gastfreundschaft. Auch wenn der Briefwechsel nicht sehr rege war, irgendwann ist die Stunde da und der Gast schneit ins Haus: Es ist kein fremder Boden, den er betritt, sondern heimatlicher Grund.

„In der Freundschaft darf nicht wie in anderen Dingen Sättigung eintreten; gerade die ältesten Freundschaften müssen – wie die Weine, die ihr Alter aushalten – auch die angenehmsten sein, und wahr ist jenes Sprichwort, dass man viele Scheffel Salzes miteinander essen müsse, damit die Aufgabe der Freundschaft erfüllt würde." – So steht es in Ciceros berühmter Schrift über die Freundschaft. –

Und so gern wir auf dieses Zitat zurückgreifen, müssen wir uns heute dennoch kritisch fragen, ob unsere heutige Zeit – trotz oder wegen aller unserer Aktivitäten – ungastlich gewor-

---

1   Zitiert nach: Reiner Kunze, gedichte, Frankfurt am Main 2001, 143.

den ist. In uns steckt ja eine Unruhe, bedingt durch die Unrast unseres modernen Berufslebens, durch die Beanspruchung so vieler Termine und Verpflichtungen, aber auch durch unsere selbstauferlegten Neigungen der „Unterhaltung" und des „Zeitvertreibs". Haben wir für die geruhsamen Einladungen unserer Freunde überhaupt noch Zeit? Vielleicht müssen wir die Prioritätenliste unserer Tätigkeiten einmal durchforsten, um wieder Raum zu schaffen für solche „unnötigen Notwendigkeiten". Es wird unserer leiblichen und seelischen Gesundheit guttun.

Eine gastfreundliche Haltung, eine hilfsbereite Hand, die Bereitschaft, die eigene Tür zu öffnen, die Lust, einen Tisch zu decken und die nötigen Speisen daraufzustellen, das sind wohl Tugenden, die wir heute dringlich brauchen. Der Flüchtling, der Umgetriebene, der Heimatlose, sie begegnen uns heute auf Schritt und Tritt, manch einer hat wirklich keine Bleibe, ein anderer ist geistig heimatlos, auch er auf der Suche nach einem Obdach. Romano Guardini fordert uns auf: „Wir müssen ihm eine Heimat bieten können. Dazu müssen wir erst selber eine haben." Freundschaft braucht einen guten Boden, Gastfreundschaft ein weites Herz. Guardini hat versucht, diese Aufgabe zu umreißen: „Das ist der Gastfreundschaft tiefster Sinn: dass ein Mensch dem anderen Rast gebe auf der großen Wanderschaft zum ewigen Zuhause. Dass er für eine Weile ihm Bleibe gebe für die Seele, Ruhe und Kraft, und das Vertrauen: Wir sind Weggenossen und haben gleiche Fahrt."

Es sind ja immer nur wenige, die bei uns Gastfreundschaft erleben können, aber vielleicht setzen wir auch ein Zeichen, das abfärbt und sich in irgendeiner Weise fortsetzt.

Kann ich auch allein sein?

Es ist schon seltsam mit uns Menschen: Sind wir allein und haben es nur mit uns selbst zu tun, dann sehnen wir uns mit allen Poren nach Gemeinschaft und halten das Alleinsein für eine Zumutung; sind wir aber mit anderen Menschen zusammen (vor allem, wenn es viele sind), dann verlangt es uns nach dem Alleinsein. In seinem Essay über die Einsamkeit bringt es Michel de Montaigne auf den Punkt: „Nichts ist so ungesellig und so gesellig wie der Mensch." Es treibt uns in die gesellige Runde, als könnten wir nur da glücklich sein – und es verlangt uns nach Stille und Einsamkeit, um dort zu uns selbst zu finden. – Nun ist offensichtlich das Verlangen nach Geselligkeit und nach Alleinsein bei den Menschen unterschiedlich ausgebildet. Braucht der eine viel Zeit für sich und muss Einkehr halten bei sich selbst, so fühlt sich der andere nur wohl im Menschengewimmel und hält es nicht aus, wenn er auf sich zurückgeworfen wird. Es gehört vielleicht zu den großen Aufgaben der Selbstwahrnehmung, herauszufinden, wie man selbst veranlagt ist. Weil aber nun einmal beides zum Menschsein gehört, das Alleinsein und das Gemeinsamsein, hängt vieles davon ab, ob man in die rechte Balance kommt und erkennt, was in einer bestimmten Situation das Richtige ist. Nietzsche hat einmal folgende Notiz aufgeschrieben: „Wenn du in der Einsamkeit dich groß und fruchtbar fühlst, so wird dich die Geselligkeit verkleinern und veröden: und umgekehrt. Machtvolle Milde, wie die eines Vaters – wo diese Stimmung dich ergreift, da gründe dein Haus, sei es im Gewühl oder in der Stille." Einheitliche und für alle gültige Lebensmuster gibt es nicht, jeder hat seine eigene Veranlagung, seine Bedürfnisse und

Sehnsüchte. Aber es ist nun einmal eine Polarität, die unser Leben bestimmt, deshalb kann es nur darum gehen, das Verlangen nach der Verbundenheit mit anderen Menschen und der Wunsch, sich ganz der Einsamkeit hinzugeben, als Spannung durchzuhalten und ins rechte Gleichgewicht zu bringen. Geht die Balance verloren, dann besteht die Gefahr, dass wir entweder zum menschenscheuen Eigenbrötler werden oder uns in einer oberflächlichen Turbulenz verlieren. Zur Polarität gehört, dass man jeweils herausfindet: Jetzt ist es Zeit für das pralle Leben mit anderen – und jetzt ist es Zeit, eine Phase der Stille und Besinnung einzulegen.

Am Anfang unseres Lebens steht nicht die Einsamkeit, sondern die Verbundenheit. Wir haben im Mutterleib zu existieren angefangen und waren auch nach der Abnabelung noch lange auf die Wärme und die Nahrung durch die Mutter angewiesen. Aber irgendwann durften wir entdecken, dass wir ein selbstständiges Wesen sind, mit einem eigenen Namen, mit einem persönlichen Schicksal, einem Willen und einem besonderen Weg. Wir bleiben unser ganzes Leben darauf angewiesen, mit anderen zu leben, und brauchen ihre Hilfestellung, aber wir dürfen auch die Distanz zu diesen anderen entdecken, wir stehen ihnen gegenüber und bauen eine nähere oder fernere Beziehung zu ihnen auf. Dass wir Freunde finden, gehört zu den großen Geschenken in unserem Leben, dass uns eine Lebenspartnerschaft gewährt wird, ist ein wunderbares Geschehen, und doch merken wir immer wieder, dass wir letztlich einsam sind und diese Einsamkeit auch annehmen müssen.

Wer in die Einsamkeit hineingeworfen wird, der hat es ja nun zunächst einmal mit sich zu tun und er muss sehen, ob er es auch mit sich aushalten kann. Das kann eine wohltuende Erfahrung sein, aber auch eine erschreckende, wenn einer sich selbst fremd gegenübersteht. Die Athosmönche erzählen folgende Geschichte. Da kommt ein Gast zu einem Einsiedler, der gerade dabei ist, Wasser aus einer Zisterne zu schöpfen. Der Gast fragt den Mönch: Wie lange lebt du schon in der Einsamkeit? Und bekommt die Antwort: seit einem halben Jahrhundert. Darauf fragt der Fremde: Und was hat dir dein Einsiedlertum gebracht? Der Mönch hörte mit dem Wasserschöpfen auf und forderte den Gast auf, in die Zisterne zu schauen und zu sagen, was er darin sähe. Aber auch ein intensives Hineinsehen brachte nichts Besonderes ein. Nach einer Weile wurde der Fremde noch einmal aufgefordert, in die Tiefe zu schauen; nun sagte er: Ja, ich sehe mich, mein Gesicht sehe ich. – Darauf der Mönch: Das ist das Ergebnis des Einsiedlertums, man sieht sich selbst, man wird mit sich konfrontiert. Als du zuerst hineingeschaut hast, war noch Unruhe im Wasser, da konntest du nichts sehen, aber nun ist Ruhe eingekehrt, da kannst du dich erkennen. – Zugegeben: Auch diese Erfahrung ist einseitig, denn ich kann auch im freundschaftlichen Zusammensein mit anderen Menschen viel über mich erfahren. Aber dass dieses Zurückgeworfensein auf die eigene Existenz hilfreich sein kann, steht sicher ganz fest.

Es mag sein, dass die Erfahrung der Einsamkeit auch mit einer gewissen Melancholie verbunden ist, man wird ja auch mit seinen Mängeln konfrontiert und seiner Begrenztheit. Vor allem kann das Leben in der Einsamkeit zu einer Verkümmerung führen, zur Vereinsamung und Isolation. Jetzt schafft er den Brückenschlag zum anderen Menschen nicht mehr, er resigniert und wird zu einem Menschenverächter, der aus seiner Verbitterung und Enttäuschung zu einem Misanthropen wird. Die geistigen Türen schließen sich, die Lebensfunktionen erstarren, es kommt ein Lebensekel über ihn, das Ressentiment führt dazu, den anderen Menschen nicht mehr ihre Freude zu gönnen, weil alles sowieso sinnlos ist. Das mag dazu führen, dass auch die Wahrnehmungsorgane verkümmern, das Schöne in der Schöpfung kann nicht mehr wahrgenommen werden. Die Transparenz der Dinge geht verloren, nichts spricht mehr an, die Musik des Universums kann nicht mehr vernommen werden.

Die Einsamkeit kann aber auch als großes Geschenk empfunden werden, wenn man bereit ist, sich auf seinen inneren Reichtum einzulassen. Marie von Ebner-Eschenbach warnt: „Überlege wohl, bevor du dich der Einsamkeit ergibst, ob du auch für dich selbst ein heilsamer Umgang bist." Kann ich mir also selbst ein guter Freund sein? Hab ich so viel inneres Leben in mir, dass ich auch eine Art Zwiegespräch mit mir führen kann? Montaigne weist auf eine wichtige Voraussetzung hin: Wer den Ehrgeiz in seinem Gepäck hat, die Habgier und andere Begierden, wer unentschlossen ist und ängstlich, der braucht sich nicht zu wundern, wenn ihm die Einsamkeit nichts einbringt. „Es reicht nicht, den Ort zu wechseln, man muss den Pöbel in sich loswerden, man muss sich von sich selbst trennen, um sich wiederzugewinnen." Montaigne vermutet, dass viele den ganzen Ballast gar nicht loswerden wollen: „Wir drehen uns noch nach dem, was wir zurücklassen, wir haben den Kopf noch voll davon."

Wenn wir einmal in die Einsamkeit gehen, dann können wir eine Welt ohne Menschen erleben. Aber dafür begegnen wir ja vielleicht auch einem anderen Bereich, den vielen Dingen und Wesen in der Natur. Uns kann der Reichtum der Tier- und Pflanzenwelt ganz neu aufgehen. Auch der Wind erzeugt ja einen eigentümlichen Gesang, das Zwitschern der Vögel kann uns ganz neu aufgehen, das vielfältige Spiel der Farben und des Lichts braucht ja unsere Aufmerksamkeit und die Bereitschaft, genau hinzuschauen. Unsere Nase wird aktiviert für die Vielfalt der Düfte. Die Einsamkeit öffnet uns also die Tore zu einer neuen Gemeinsamkeit, wir werden von einer Vielfalt von Stimmen angesprochen, für die wir in unserer gewohnten Alltagswelt keine Organe hatten. Rilke hat einmal ein Gedicht geschrieben, in dem er gewissermaßen die Wanderung in eine karge Gebirgslandschaft beschreibt, es beginnt:

> Ausgesetzt auf den Bergen des Herzens. Steingrund
> Unter den Händen. Hier blüht wohl
> Einiges auf; aus stummem Absturz
> Blüht ein unwissendes Kraut singend hervor.

Nur wenigen Menschen wird es gegeben sein, ein ganzes Leben als Einsiedler zu existieren. Aber Zeiten der Stille und der Einkehr haben wir alle nötig, in denen nicht das Gerede und das banale Klanggetöne herrscht. Eine solche Einsamkeit führt uns nicht in eine „Burg der Absonderung", wie Martin Buber das nennt, sondern macht uns die Verbundenheit mit allem, was ist, erst wirklich bewusst. Wer die Einsamkeit ausgehalten hat und als fruchtbare Zeit erlebte, der freut sich auch wieder auf die anderen Menschen, um sich beschenken zu lassen und sie zu beschenken.

Sei mir Bruder und Freund, sei mir Schwester und Freundin

Freundschaft im Spiegel der Dichtung

Ich habe mich bedacht, dass schönste Tage
Nur jene heißen dürfen, da wir redend
Die Landschaft uns vor Augen in ein Reich
Der Seele wandelten: da hügelan
Dem Schatten zu wir stiegen in den Hain,
Der uns empfing wie schon einmal Erlebtes,
Da wir auf abgetrennten Wiesen still
Den Traum vom Leben niegeahnter Wesen,
Ja ihres Gehns und Trinkens Spuren fanden
Und überm Teich ein gleitendes Gespräch,
Noch tiefere Wölbung spiegelnd als der Himmel:
Ich habe mich bedacht auf solche Tage,
Und dass nächst diesen drei: gesund zu sein,
Am eignen Leib und Leben sich zu freuen,
Und an Gedanken, Flügeln junger Adler,
Nur eines frommt: gesellig sein mit Freunden.
So will ich, dass du kommst und mit mir trinkst.

So beginnt Hugo von Hofmannsthals Gedicht „Botschaft". Zweimal heißt es darin: „Ich habe mich bedacht", es ist also zunächst einmal eine Erinnerung: Der Dichter hat mit seinem Freund so viel erlebt, Landschaften haben sich ihnen erschlossen, lange Gespräche haben sie geführt, ihre Phantasie haben sie schweifen lassen, sodass ganze Welten entstanden sind. Aber nun erwacht der Wunsch, dass diese Erinnerung nicht einfach ein Stück Vergangenheit sein soll, sie soll sich ins Künftige fortsetzen, der Freund soll wiederkommen, darin gipfelt die Botschaft.

Unsere Literatur ist durchzogen vom Lob auf die Freundschaft, von der Sehnsucht nach dem Freund, von der Trauer über den verlorenen Freund, manchmal auch von der Enttäuschung über die Untreue des Freundes. Das Phänomen „Freundschaft" scheint doch tatsächlich zu den großen Ereignissen im Leben der Menschen zu gehören, deshalb hat sich diese Gesellungsform auch in den unterschiedlichsten Gestaltungen der Dichtung niedergeschlagen. Hier sollen aus dem unübersehbaren Reichtum dieser Literatur wenigstens ein paar Beispiele herausgegriffen werden, die andeuten können, wie es um das Geheimnis Freundschaft steht und was es bei uns Lesern auslöst.

Vermutlich werden wir in allen Jahrhunderten Loblieder und Hymnen finden, von eigenen Erfahrungen (oder auch Wünschen) getragen, aber es gab offenbar Zeiten, in denen die Freundschaft besonders intensiv besungen wurde und in denen auch die verwendete Sprache einen eigenen emotionalen Charakter bekam.

Johann Christian Günther (1695–1723) empfand den guten Freund als das beste Vergnügen: Wenn er Vergleiche mit anderen Formen fröhlichen Lebens zieht, gewinnt immer die Freundschaft die Oberhand:

> Mein Vergnügen heißt auf Erden
> ein vertrauter Freund allein;
> Wenn ich den kann habhaft werden,
> so stimmt Herz und Lippen ein,

und die Losung ist das Pfand:
Freundschaft ist das schönste Band.

Nichts soll meinen Sinn besiegen,
wahre Freundschaft soll allein
auf der Welt hier mein Vergnügen
und der stete Wahlspruch sein,
der mir allen Harm entwand:
Freundschaft ist das schönste Band.

Das klingt noch etwas vage, weil wir nicht so recht erfahren, wie sich denn die Freundschaft auswirkt und zeigt; da wird Christian Fürchtegott Gellert (1715–1769) schon konkreter, bei ihm wird vom Freund erwartet, dass er ihm auch ein kritisches Spiegelbild zeigt:

Ein Freund, der mir den Spiegel zeiget,
den kleinsten Flecken nicht verschweiget,
mich freundlich warnt, mich herzlich schilt,
wenn ich nicht meine Pflicht erfüllt:
Der ist mein Freund.

Auch Friedrich Gottlieb Klopstock (1724–1803) stellt Vergleiche an und fragt, welchen Stellenwert die Freundschaft haben kann. Am Zürcher See muss er wohl zur Überzeugung gekommen sein:

Aber süßer ist noch, schöner und reizender,
in dem Arme des Freunds wissen, ein Freund zu sein!
So das Leben genießen,
nicht unwürdig der Ewigkeit. (...)

Oh, so bauten wir hier Hütten der Freundschaft uns!
Ewig wohnten wir hier, ewig! Der Schattenwald
wandelt' uns sich in Tempe,
jenes Tal in Elysium!

Der Freundeskreis, der sich um Friedrich Hölderlin während
seines Studiums in Tübingen bildete, muss eine besondere
Strahlkraft gehabt haben, sodass auch die Freunde zu Dichtern
wurden und ihre Erfahrungen in Versen ausdrückten. Christian Ludwig Neuffer widmet seinem Freund Christian Landauer ein Gedicht, in dem es heißt:

denn nichts ist süßer dem Herzen,
als den trefflichen Freund frohes Genusses zu seh'n
Bruder! reich mir die Hand, wir werden beständig
uns lieben,
ob mit geflügeltem Schritt Jahre zu Jahren ent-
flieh'n,
Freundschaft ändert sich nicht, wie die eilenden
Stunden sich ändern,
denn sie thronet, erhöht über die Fluten der Zeit.

In der Goethezeit kann man beobachten, wie stark das freundschaftliche Band viele Menschen zusammenführt und wie sehr dadurch auch die Begabungen geweckt werden, wobei aber nie das Geben und Nehmen aufgerechnet wird. – In ihren Aufzeichnungen notiert sich Rahel von Varnhagen: „Unsere Freunde sind die Gleichgesinnten, die wir, wie uns selbst, müssen ehren können; Freunde sind Menschen, die voneinander überzeugt sind; aber bald muss der eine, bald der andere alles leisten, ohne Kalkül anzustellen und je etwas dafür zu erhalten noch zu erwarten, noch ihn sich zu fordern. (...) In allen andern Verhältnissen herrscht ja ein offenbarer Handel. Ein Freund kann nur ein verehrtes Wesen sein, von dem wir, der Natur der Verehrung nach, nichts verlangen. Was wäre er sonst?"

Vielleicht war es in besonderer Weise die Romantik, die nicht nur große Freundschaften lebte, sondern auch über ihr Geheimnis nachdachte. Für Novalis gehört die immer empfundene „Halbheit" und innere Bedürftigkeit zum Wesen des Menschen. Es ist gut und sinnvoll, dass der Mensch so bruchstückhaft und „hälftig" ist, deshalb muss er ja ausschauen und sich überschreiten, damit er sich überhaupt finden kann. „Das Herz ist der Schlüssel der Welt und des Lebens. Man lebt in einem hilflosen Zustand, um zu lieben – und anderen verpflichtet zu sein. Durch Unvollkommenheit wird man erst der Einwirkung andrer fähig – und diese fremde Einwirkung ist der Zweck", heißt es bei ihm. Die dialogische Grundstruktur des Menschen ist die Bedingung für die freundschaftliche Begegnung. „Jedes Du ist ein Supplement (eine Bedingung und Voraussetzung) zum großen Ich. Wir sind gar nicht Ich – wir können und sollen aber Ich werden. Wir sind Keime zum Ich-Werden." – Und wenn sich die Freundschaftsgedanken bei Novalis in einem Gedicht niederschlagen, dann klingt es gleich viel musikalischer:

> Gib treulich mir die Hände,
> sei Bruder mir und wende
> den Blick vor deinem Ende
> nicht wieder weg von mir!
>
> Ein Tempel, wo wir knien,
> ein Ort, wohin wir ziehen,

ein Glück, für das wir glühen,
ein Himmel mir und dir!

Sein Gedicht ist zu einem kleinen Wunderwerk der Freundschaftspoesie geworden. Da werden viele Ingredienzien der Amicitia aufgeboten, um die Verbundenheit zweier Freunde zu beschwören: Man gibt sich die Hände, schaut sich lange in die Augen, erinnert sich daran, wie stark die gemeinsamen Bande sind, die Überzeugungen, die angestrebten Ziele, besinnt sich auf die beglückenden Erlebnisse, die ihnen schon gewährt wurden und freut sich darüber, dass der Weg sich ja noch weiter in die Zukunft öffnet. – Und das Ganze wird in einem Volksliedton vorgetragen, mit einem Rhythmus, der sich unmittelbar einprägt: Man wird geradezu in eine wandernde Bewegung hineingenommen.

Zum gleichen Jenaer Romantikerkreis mit Novalis, Tieck und etlichen anderen gehörte auch Friedrich Schleiermacher. Seinen Text „über die Freundschaft" kann man fast als prosaische Umschreibung des Novalis-Gedichts lesen:

„Die aber sind mir sicher, die wirklich mich, mein innres Wesen, lieben wollen, und fest umschlingt sie das Gemüt und wird sie nimmer lassen. Sie haben mich erkannt, sie schauen den Geist, und die ihn einmal lieben, wie er ist, die müssen ihn immer wieder und immer tiefer lieben, je mehr er sich entwickelt und bildet. Dieser Habe bin ich so gewiss als meines Seins; auch hab' ich Keinen noch verloren, der mir je in Liebe teuer ward. Du, der in frischer Blüte der Jugend, mitten im raschen frohen Leben unsern Kreis verlassen musstest – ja, ich darf anreden das geliebte Bild, das mir im Herzen wohnt, das mit dem Leben und der Liebe fortlebt, und mit dem Gram, nimmer hat dich mein Herz verlassen; es hat dich mein Gedanke fortgebildet, wie du dich selbst gebildet haben würdest, hättest du erlebt die neuen Flammen, die die Welt entzünden, es hat dein Denken mit dem meinen sich vereint, und das Gespräch der Liebe zwischen uns, der Gemüter Wechselanschauung hört nimmer auf und wirket fort auf mich, als lebtest du neben mir wie sonst."

Wie so oft in dieser Zeit, wurden auch die großen Freundschaften Eduard Mörikes bereits in der Studienzeit geschlossen: im Tübinger Stift. Schon da tauchte das Traumland Orplid auf, dieses utopische Gebilde, das allein in ihrer Phantasie Gestalt annahm, aber ein starkes Band zwischen den Freunden knüpfte. So intensiv fühlten sich die Freunde verbunden, dass sie sogar als nächtliches Traumbild erscheinen konnten. In seinem Gedicht „An Hermann" schreibt Mörike:

> Aber heutige Nacht erschien mir wieder im Traume
> Deine Knabengestalt – Wehe! Wo rett ich mich hin
> Vor dem lieblichen Bild? Ich sah dich unter den hohen
> Maulbeerbäumen im Hof, wo wir zusammen gespielt.

Gerade in seiner Zeit als Pfarrer in einem kleinen Nest der Schwäbischen Alb war Mörike darauf angewiesen, sich manchmal mit einem Freund zu treffen und auszutauschen. Am schönsten kommt diese Verbundenheit in seinem Gedicht „An Wilhelm Hartlaub" zum Vorschein, es schildert eine Szene, die wir spontan nachempfunden können: Er tritt in ein Zimmer, in dem jemand am Klavier sitzt und hingebungsvoll spielt. Und weil er nicht stören will durch eine förmliche Begrüßung, setzt er sich unauffällig irgendwohin und hört zu. Aber hören wir seinen Versen zu:

Durchs Fenster schien der helle Mond herein;
Du saßest am Klavier im Dämmerschein,
Versankst im Traumgewühl der Melodien,
Ich folgte dir an schwarzen Gründen hin,
Wo der Gesang versteckter Quellen klang,
Gleich Kinderstimmen, die der Wind verschlang.

Doch plötzlich war dein Spiel wie umgewandt,
Nur blauer Himmel schien noch ausgespannt,
Ein jeder Ton ein lang gehaltnes Schweigen.
Da fing das Firmament sich an zu neigen,
Und jäh daran herab der Sterne selig Heer
Glitt rieselnd in ein goldig Nebelmeer,
Bis Tropf' um Tropfen hell darin zerging,
Die alte Nacht den öden Raum umfing.

Und als du neu ein fröhlich Leben wecktest,
Die Finsternis mit jungem Leben schrecktest,
War ich schon weit hinweg mit Sinn und Ohr,
Zuletzt warst du es selbst, in den ich mich verlor;
Mein Herz durchzückt' mit eins ein Freudenstrahl:
Dein ganzer Wert erschien mir auf einmal.
So wunderbar empfand ich es, so neu,
Dass noch bestehe Freundeslieb und Treu!
Dass uns so sichrer Gegenwart Genuss
Zusammenhält in Lebensüberfluss

Ich sah dein hingesenktes Angesicht
Im Schatten halb und halb im klaren Licht;
Du ahntest nicht, wie mir der Busen schwoll,
Wie mir das Auge brennend überquoll.

Du endigtest; ich schwieg – Ach warum ist doch eben
Dem höchsten Glück kein Laut des Danks gegeben?

Da tritt dein Töchterlein herein,
Ein ländlich Mahl versammelt Groß und Klein,
Vom nahen Kirchturm schallt das Nachtgeläut',
Verklingend so des Tages Lieblichkeit.

Die Musik versetzt den Zuhörer in die unterschiedlichsten
Landschaften, die Klangwelt ruft Gefühle und Erinnerungen
herauf, das steigert sich immer mehr, sodass der Hörer himm-
lische Höhen und Abgrundtiefen erlebt. – Aber irgendwann
steht nicht mehr die Musik im Mittelpunkt, der Freund selbst
hat sich in den Klängen und Melodien offenbart: So hat er ihn
vielleicht noch nie erlebt, die Kostbarkeit der Freundschaft
wird gewissermaßen hörbar, er wird überwältigt vom ganzen
Dasein dieses Menschen. Das Erleben der Freundschaft, das
Gefühl inniger Verbundenheit, ist es nicht ein Höhepunkt unserer Empfindungsfähigkeit? Wilhelm Hartlaub war und blieb
Mörikes „Urfreund", dem er einmal schreiben konnte: „Ich
weiß neben Bruder und Schwester kein andres Menschenkind,
bei dem ich mich so wie bei Dir daheim befände, d. h. so innig
in mir selbst bleiben könnte." So sehr fühlt sich „einer in dem
andern wieder ganz gesichert und gebettet", dass schon die
Vorfreude auf ein Treffen sich in seiner Phantasie ankündigt:
„Ich vernahm heut früh im Geist voll Freude schon den wohl-
bekannten Ton der aufgedrückten Messingschnalle Deiner
Pfarrhaustüre und den ersten Tritt auf dem klappernden Brett
an der Schwelle." Und das gemeinsame Musizieren war – neben dem hingebungsvollen Gespräch – der Inbegriff des
freundschaftlichen Austauschs.

Der einzige traurige Unterton in dem Gedicht kommt zum Vorschein, weil der Dichter darunter leidet, seinem Dank keinen angemessenen Ausdruck geben zu können. Das Verstummen macht ihn verlegen, wie gern würde er sich auch da ausströmen, aber offenbar erweist sich jedes Wort als unzureichend und missverständlich. – Aber es ist doch dieses Gedicht entstanden – und so hat diese Stunde, diese Musik und diese Freundschaft doch noch die beste und gültigste Gestalt gefunden.

Manchmal sind Gedichte über die Freundschaft auch Beschwörungen: Man möchte den Freund durch die Verse an sich binden und ihm deutlich machen, wie stark das Band gewoben ist, das zwischen ihnen besteht.

Die Verse der Annette von Droste-Hülshoff beginnen mit den Zeilen:

> Kein Wort, und wär es scharf wie Stahles Klinge,
> soll trennen, was in tausend Fäden eins,
> so mächtig kein Gedanke, dass er dringe
> vergällend in den Becher reinen Weins,
> das Leben ist so kurz, das Glück so selten,
> so großes Kleinod, einmal sein statt gelten!

Und wenn auch Levin Schücking ein durchaus lieber und geschätzter Freund der Dichterin war und sein wollte, er war auf seine Freiheit ebenfalls bedacht, und wahrscheinlich hat er mit gemischten Gefühlen die dritte Strophe des Gedichts gelesen:

Blick in mein Auge, – ist es nicht das deine,
ist nicht mein Zürnen selber deinem gleich?
Du lächelst – und dein Lächeln ist das meine,
an gleicher Lust und gleichem Sinnen reich;
worüber alle Lippen freundlich scherzen,
wir fühlen heilger es im eignen Herzen.

Schon Goethe fürchtete, dass auch Freunde nicht in allem harmonieren würden und dass man zurückhaltend sein solle in der Vorstellung einer völligen Einheit. „Gewöhnlich aber ist es ein Jugendfehler, den wir selbst im Alter nicht ablegen, dass wir verlangen, der Freund solle gleichsam ein anderes Ich sein, solle mit uns nur ein Ganzes ausmachen, worüber wir uns denn eine Zeit lang täuschen, das aber nicht lange dauern kann."

Seltsamerweise kommen in Nietzsches „Zarathustra" deutlich kritische Töne zum Vorschein, was unsere Fähigkeit zur Freundschaft angeht. Freund und Feind, kann man die überhaupt unterscheiden, muss unser Freund vielleicht unser bester Feind sein? „Bist du ein Sklave? So kannst du nicht Freund sein. Bist du ein Tyrann? So kannst du nicht Freunde haben." Immerhin sieht Nietzsche die Freundschaft als eine Aufgabe der Zukunft an. „Es gibt Kameradschaft: möge es Freundschaft geben!"

Christian Morgenstern kleidet sein Loblied auf die Freundschaft in eine kleine Geschichte, eine Rettungsgeschichte, in der es darum geht, dass einer seinen Weg verloren hat, aber durch einen hilfreichen Menschen wieder aus dem Schlamassel herausfindet: „Wir fanden einen Pfad", das ist der Kernsatz des Gedichts, was kann man Schöneres über die Freundschaft sagen?

Ich hatte mich im Hochgebirg verstiegen.
Die Felsenwelt um mich, sie war wohl schön:
doch konnt ich keinen Ausgang mir ersiegen,
noch einen Aufgang nach den lichten Höhn.

Da traf ich Dich, in ärgster Not: den Andern!
Mit Dir vereint, gewann ich frischen Mut.
Von neuem hob ich an, mit Dir, zu wandern,
und siehe da: das Schicksal war uns gut.

Wir fanden einen Pfad, der klar und einsam
empor sich zog, bis, wo ein Tempel stand.
Der Steig war steil, doch wagten wir's gemeinsam ...
Und heut noch helfen wir uns, Hand in Hand.

Mag sein, wir stehn an unsres Lebens Ende
noch unterm Ziel, – genug, der Weg ist klar!
Dass wir uns trafen, war die große Wende;
aus zwei Verirrten ward ein wissend Paar.

Vielleicht sollte man die Erwartungen nicht so hoch schrauben und etwas handfester ansetzen. Georg Britting fragt sich, wen er denn in seiner Nähe haben will, wenn es um „Das gute Mahl" gehen soll. Und siehe da, es sind gar nicht so viele Dinge, die nötig sind.

Der Teller sei aus Holz! Auch soll der Schinken
Mit weißen Streifen Fetts durchwachsen sein!
Der Weinkrug sei geräumig, nicht zu klein,
und kühl, aus Stein! Das Glas, aus ihm zu trinken,

sei ungeschliffen, bäuerlicher Art!
So auch das Brot! Ein Tischtuch braucht es nicht!
Ein Mann, nur einer bloß, der mit dir spricht,
den Wein benennt und sagt: das Fleisch ist zart!

Ist nötiger! Du sollst beim Mahle nicht
Einsiedler sein, auf einsam schweifender
Gedankenfahrt: ein dich Begreifender,

der ohne Furcht mit dir die Nüsse bricht,
die nicht zu brechenden, was es denn sei
auf diesem Stern, der sei beim Mahl dabei!

Was wie ein Minimalprogramm aussieht, ist durchaus anspruchsvoll, wenn wir genauer hinschauen. Es wird ja nicht irgendein Zecher gesucht, der mit uns den Becher leert, er soll „begreifen", er soll helfen, die Nüsse zu knacken, und das sind nun einmal all die Rätsel unsres Lebens und des Daseins. Aber der Freund wird nicht in die Gelehrtenstube eingeladen, sondern an den gemeinsamen Tisch: Beim Essen und Trinken – so ist die Hoffnung – ist es leichter, sich den harten Problemen zu stellen und vielleicht auch Lösungen zu finden.

In der neueren Literatur wird der Freundschaft vielleicht nicht mehr so emphatisch gehuldigt und sie wird wohl auch nicht unbedingt in hymnischer Weise beschrieben, aber natürlich kann das Freundeslob nicht fehlen und muss auch wieder neue Ausdrucksformen finden. Rose Ausländer hat ein ganz kurzes Gedicht geschrieben, in dem sehr viel angedeutet wird und das einen wirklichen Reichtum enthält.

Wir wohnen
Wort an Wort
Sag mir
Dein liebstes
Freund
Meines heißt
DU.

Alfred Polgar hat einmal eine kleine Skizze über „den vollkommenen Freund" geschrieben und all die Dinge erwähnt, die so wundervoll sind und uns so ideal vorkommen. Am Schluss heißt es dann: „Kurz, du bist ein vollkommener Freund, behaftet nur mit dem einzigen Fehler, dass es dich nicht gibt. – Aber schon der Gedanke, dass es dich, und zwar ohne jede Vergewaltigung der Naturgesetze, doch eigentlich ganz gut geben könnte, hat sein Trostreiches." Trösten wir uns lieber, so scheint es mir, mit dem unvollkommenen Freund, den es aber wirklich gibt.

Ulla Hahn hat ihr Freundschaftsgedicht „Ein Netz" überschrieben und damit schon im Titel deutlich gemacht, wie nötig wir es haben, „vernetzt" zu sein, aber in einer sehr persönlichen Weise. Ohne solche Verbindungen können wir nicht leben: einander verhelfen wir uns zum Leben.

Freunde sind wir geworden Geliebter
Schmolzen im Laufe der Jahre
Unsere Schwerter zur Schale
Wir tranken draus
Schwermut und Lust

Abschiede kamen wie Hunger und Durst
Wir gaben sie immer. Daraus
Flocht uns die Zeit ein Netz
Aus Treue und Trost

Herzenssatt liege ich bei dir
in sicheren Schlingen
Wir hören zu atmen nicht auf.[2]

Eine ganze Lebensgeschichte wird in diesen Zeilen verdichtet, denn es wird ja nicht nur Harmonie und Frieden gewesen sein, was die Menschen zueinander geführt hat, sondern auch Konflikt und Auseinandersetzung. Aber das Netz wurde fester und erwies sich als haltbar, bis sich der Atem „verknotet" hat, wie Christine Lavant es einmal in einem Gedicht ausgedrückt hat.

2   Ulla Hahn, Unerhörte Nähe © 1988, Deutsche Verlags-Anstalt, München, in der Verlagsgruppe Random House GmbH.

Der Freundeskreis

Manchmal geschieht es, dass wir Menschen begegnen, mit denen wir uns sofort verstehen, die wir nicht nur sympathisch finden, sondern die mit uns auf eine besondere Weise „wahlverwandt" sind und denen wir uns so stark verbunden fühlen, dass sie gleichsam in den inneren Zirkel unseres Lebens eingelassen werden. – In anderen Fällen mag uns ein Mensch auffallen, von dem wir aber noch nicht recht wissen, ob er zu uns passt, manches zieht uns vielleicht an, anderes dagegen stößt uns ab, auf jeden Fall möchten wir ihn kennenlernen, um herauszufinden, ob es genügend Berührungspunkte gibt, die zu einer größeren Nähe und Gemeinsamkeit führen können. Im Laufe unseres Lebens entsteht allmählich ein Kreis von Menschen, die sich nicht nur mir, sondern auch untereinander verbunden fühlen und ihre Verbundenheit auch durch bestimmte Formen zum Ausdruck bringen wollen. – Natürlich hat jeder seinen eigenen Lebenskreis, seine Familie und sein persönliches Umfeld, aber bestimmte Interessen und Ziele und Bedürfnisse werden vielleicht in der gewohnten Lebenswelt nicht befriedigt, deshalb ist mancher auf der Suche nach einer anderen Form persönlichen Austauschs: So mag ein Freundeskreis entstehen, bei dem die Menschen den Wunsch haben, sich mit einer gewissen Regelmäßigkeit zu treffen, entweder um geselligen Austausch zu pflegen oder Gesprächsmöglichkeiten zu finden, die über den üblichen Nachbarschaftsplausch hinausgehen. Nun gibt es Freundinnen und Freunde, die sich zwar durch ein gemeinsames Hobby nahegekommen sind, das mag der Sport sein oder das Tanzen, das Interesse am Wandern oder an politischer Betätigung. Aber es gibt andere Beziehungen, die darüber hinausgehen, weil ein seelisches Band entstanden ist und eine Vielzahl von Gemeinsamkeiten. Das mag den Wunsch wachrufen, man könne sich doch regelmäßig treffen und eine Form intensiveren Austauschs pflegen.

Freundschaften haben ihre Geschichte, und manchmal lohnt es sich, sich dieser Geschichten zu erinnern. Wann habe ich diesen Menschen kennengelernt? War es auf einer Reise, als er mir in einer peinlichen Situation aus der Patsche geholfen hat? Durch seine Sprachkenntnisse und sein Verhandlungsgeschick habe ich endlich ein Quartier gefunden. Weil er mutig eingegriffen hat, wurde ich bei einem Unfall vor größerem Schaden bewahrt. Novalis hat sich einmal den Satz notiert: „Ein gemeinschaftlicher Schiffbruch etc. ist eine Trauung der Freundschaft oder der Liebe." Und wenn ich dem Freund wiederbegegne, fällt mir auch wieder ein, welches Abenteuer uns zusammengeführt und verbunden hat. Selbst die Konflikte und durchgestandenen Krisen haben uns vielleicht zusammengeschmiedet. Deshalb sind auch die Erinnerungen so wichtig und bleiben bedeutsam. Die gemeinsame Geschichte trägt unsere Freundschaft weiter und darf nicht vergessen werden.

Zur Eigenart eines Freundeskreises gehört es, dass sich ganz unterschiedliche Menschen zusammengehörig fühlen, sie bringen trotz völlig differierender Berufe und Lebensgeschichten ein gemeinschaftliches Gefühl der Verbundenheit auf. Da ist also etwa eine Lehrerin dabei, aber auch ein Jurist, ein Naturwissenschaftler und eine Journalistin, da ist einer schon in Pension, daneben hat ein anderer gerade erst seine Berufsarbeit begonnen. Die Kunst besteht darin, die Unterschiedlichkeit der Berufe und Begabungen für den Kreis sinnvoll zu nutzen und fruchtbar zu machen, indem jeder sich mit seiner Eigenart und seinem Interessengebiet einbringen kann. Marie

Luise Kaschnitz hat zwar gesagt: „Ein Symposion aller Freunde eines Lebens wäre unsinnig, sie würden sich keineswegs vertragen." Das mag sein, aber vielleicht gibt es doch eine Ebene, auf der man sich begegnen und verständigen kann. Und die Möglichkeit, voneinander zu lernen, indem man den Wissens- und Erfahrungsvorsprung des anderen respektiert und bereit ist, hinzuhören, das kann sich sehr hilfreich auswirken. Und außerdem gibt es Bereiche, bei denen der Chemiker und der Handwerker, der Architekt und die Ärztin die gleichen Fragen haben und eine selbstverständliche Gesprächsbasis besteht. Kritisch bemerkt Marie Luise Kaschnitz: „Wahrscheinlich wenden wir jedem Menschen eine andere Seite unseres Wesens zu, wahrscheinlich zeigt uns jeder ein anderes Gesicht." Und gerade das macht ja den Kreis so lebendig: Wir lernen die Vielfalt menschlicher Sehweisen kennen und korrigieren dabei unsere verengte Betrachtung der Dinge.

Nun gibt es natürlich den informellen Freundeskreis von Menschen, die sich zwar mögen und sich treffen wollen, die aber gar nicht daran denken, eine festere Form zu finden, und die ein starres „Zeremoniell" geradezu fürchten. Spontane Zusammenkünfte sind beliebt, eine lockere Geselligkeit soll herrschen, die letztlich unverbindlich bleibt. – Das ist aber anderen nicht genug, sie verlangen danach, einen Kreis zu finden, bei dem man sich auch intensiver verbunden fühlt, sich auf einen Abend vorbereitet, Pläne macht und sich mit einer gewissen Regelmäßigkeit trifft. Die Hoffnung besteht, dass sich auch ein Vertrauensverhältnis bildet und die Möglichkeit heraufkommt, sich gegenseitig beizustehen und in Krisenzeiten zu helfen. Wenn aus einer zunächst lockeren Gruppe von Menschen allmählich ein festerer Kreis entstanden ist, und wenn sich die Teilnehmerinnen und Teilnehmer persönlich nähergekommen sind und gemeinsame Erlebnisse ein Band entstehen lässt, dann festigt sich eine solche Runde, es kristallisieren sich „Rituale" der Zusammenkünfte heraus.

Warum scheinen solche Gemeinschaftsformen heute immer wichtiger zu werden? Wir leben in einer mobilen Gesellschaft, müssen flexibel sein, sind auf lebenslanges Lernen angewiesen, was bedeutet, dass wir im Laufe unseres Lebens manchmal ganz andere Berufe ergreifen müssen. Und auch mit der Sesshaftigkeit ist es meistens vorbei, oft müssen wir in ganz andere Städte und Landschaften ziehen, sogar in andere Länder mit fremden Sprachen. Und plötzlich stehen wir vereinsamt da, die Herkunftsfamilie ist weit weg, die bisherigen Freunde können nur noch selten besucht werden. Vor allem für die Kinder ist das unter Umständen eine schwierige Situation, sie haben ihre bisherige Atmosphäre, die sie wie die Lebensluft gebraucht haben, verloren und fühlen sich vielleicht ganz vereinsamt. Wenn sich jetzt ein Freundeskreis bildet, der den Charakter eines *Familien*kreises annimmt, kann verhältnismäßig schnell wieder eine gewisse Beheimatung gefunden werden.

Ein solcher Kreis wird mit einer gewissen Wahrscheinlichkeit nur dann eine Dauer erhalten, wenn er auch eine „Kultur" entwickelt, eine zwar nicht starre, aber doch irgendwie festere Form, die dazu beiträgt, das Zusammengehörigkeitsgefühl zu stärken. Es ist naheliegend, dass das gemeinsame Essen dabei eine Rolle spielt. Die Mahlgemeinschaft ist nun einmal eine wunderbare Möglichkeit, Verbindung zu stiften. Aber zu einem festlichen Essen gehört nicht nur das Auftischen vieler Speisen und Getränke, sondern eine Atmosphäre fröhlicher Verbundenheit, auch das Tischgespräch ist ein wesentliches Element, vielleicht auch die Musik, das Spiel und der Tanz.

Aber all das genügt noch nicht, damit ein Freundeskreis entsteht und weiterwächst. Jeder Mensch hat seine Fragen, seine offenen Themen, auch seine kulturellen Wünsche und Hoffnungen und ist begierig, einen Gesprächspartner zu finden, weil er des Austauschs bedürftig ist. Ein solcher Kreis ist keine „Volkshochschule", und doch erweist es sich als hilfreich, wenn man sich für eine Zusammenkunft auch eine Thematik vornimmt, eine Fragestellung, die möglichst alle Beteiligten interessiert und zu der jeder auch einen persönlichen Beitrag leisten kann. – Natürlich hat jeder Kreis eine bestimmte Atmosphäre und ein charakteristisches Niveau, eine Denk- und Sprachebene als Basis der Verständigung. Deshalb werden auch die gewählten Themen und die Art und Weise, wie man an sie herangeht, ganz unterschiedlich sein. Die eine Gruppe liebt vor allem spielerische Formen des Miteinanders, Quizfragen, heitere Ratespiele. Ein anderer Kreis hat vorwiegend literarische Interessen und möchte sich mit der aktuellen Belletristik befassen, oder entwickelt eine Vorliebe, sich mit verteilten Rollen an ein Theaterstück oder ein Hörspiel zu machen. Wer sich die Förderung kreativer Fähigkeiten erhofft, sucht sich einen Kreis, in dem gemalt oder gedichtet, gebastelt oder musikalisch experimentiert wird.

Und schließlich mag es viele Gruppen geben, wo all das im bunten Wechsel zusammenkommt: An einem Abend wagt man sich an eine Komödie oder Tragödie von Shakespeare heran, an einem anderen beschäftigen wir uns mit den Bildern eines Malers, um seine Ausdrucksmittel und Farbsprache besser verstehen zu können. Wenn der Fasching naht, bietet es sich an, einmal in Masken zu schlüpfen und alles auf den Kopf zu stellen. Und wenn sich herausstellt, dass in einer Familie Erziehungsprobleme aufgetaucht sind, dann mag es hilfreich sein, dass Eltern einmal ihre pädagogischen Methoden vergleichen und Wege aus der Krise suchen. – Und immer legt es sich nahe, manchmal die Stimmung aufzulockern und das gemeinsame Singen oder Musizieren zu pflegen. Und wenn es Tanzfreunde sind, die sich gefunden haben, dann werden sie es nicht unterlassen, einen Abend mit einem Kreistanz zu beenden.

Bei dieser Art freundschaftlicher Zusammenkünfte mag es zwei Gefahren geben. Die eine besteht darin, dass man den Verlauf einfach dem Zufall überlässt in der Vorstellung, alles werde schon irgendwie laufen, wenn man sich ein Thema vorgenommen hat. Eine gewisse Vorausschau ist schon wichtig, damit kein Leerlauf entsteht, wenn einer sich auf den anderen verlässt. Die andere Gefahr besteht darin, dass alles so durchorganisiert und verplant wird, dass überhaupt kein Platz für Improvisation und spontane Einfälle bleibt. Ein Abend mag sich anders entfalten, als man sich das gedacht hat; das gesellige Moment und die Spielfreude sollen immer spürbar sein. Wir kommen ja nicht zur Arbeit zusammen, stehen nicht unter Druck, sondern wollen uns gegenseitig beschenken und beschenken lassen.

Mancher Freundeskreis bleibt über eine lange Zeit hin stabil. Die Teilnehmer mögen wechseln, weil einer in eine andere Stadt zieht oder aus anderen Gründen nicht mehr dazugehören kann. Es mögen andere dazukommen und damit das innere Gefüge des Kreises verändern, aber der Kitt hält noch, weil immer das Gefühl der Verbundenheit da ist, die Themen nicht ausgehen und die Lust am gemeinsamen Tun noch nicht verloren gegangen ist. – Aber es mag sein, dass irgendwann ein solcher Kreis auch zerfällt und sich auflöst. Das sollte man nicht unbedingt als Unglück und Katastrophe auffassen. Künstlich aufrechterhaltene Gemeinschaften, denen das Feuer ausgegangen ist, helfen nicht mehr weiter. Sie haben ihren Sinn gehabt, eine ewige Dauer muss ihnen nicht vergönnt sein. Menschen verändern sich, Wandlungen und Neuansätze gehören zu unserem Leben, auch Abschiede sind unausweichlich. Vielleicht kocht ein Kreis auch schon zu lang im eigenen Saft und ist sich dabei genug. Dann mag der Zeitpunkt gekommen sein, dass andere Freundschaften und andere Kreise notwendig sind, um uns voran zu bringen.

Friedrich Nietzsche hat einmal mit nüchternem Realismus die Beobachtung notiert: „Wir waren Freunde und sind uns fremd geworden. Aber das ist recht so, und wir wollen's uns nicht verhehlen und verdunkeln, als ob wir uns dessen zu schämen hätten. Wir sind zwei Schiffe, deren jedes sein Ziel und seine Bahn hat; wir können uns wohl kreuzen und Feste miteinander feiern, wie wir es getan haben – und dann lagen die braven Schiffe so ruhig in einem Hafen und in einer Sonne, dass es scheinen mochte, sie seien schon am Ziele und hätten ein Ziel gehabt. Aber dann trieb uns die allmächtige Gewalt unserer Aufgabe wieder auseinander, in verschiedene Meere und Sonnenstriche, und vielleicht sehen wir uns nie wieder – Vielleicht auch sehen wir uns wohl, aber erkennen uns nicht wieder."

Wie ist das mit der Freundschaft?

Glaubt man den Skeptikern, dann ist Freundschaft etwas ganz Seltenes und so Rares, dass man zwar immer davon reden hört, aber nie eine wahre Freundschaft zu Gesicht bekommt. Es wundert nicht, dass Artur Schopenhauer einer von diesen Misanthropen ist, seine Erfahrung scheint zu sein: „Freundschaft gehört zu den Dingen, von denen man, wie von den kolossalen Seeschlangen, nicht weiß, ob sie fabelhaft sind oder irgendwo existieren." Kein Wunder also, dass bei den Erzählungen über die eigene „Freundschaftsgeschichte" oft von Enttäuschungen die Rede ist, von Untreue und Verrat, von kläglichem Verhalten und verweigerter Hilfestellung. Ist es vielleicht so, dass sich solche negativen Erfahrungen dauerhafter einprägen als die gelingenden und befriedigenden Beziehungen?

Schon der altgriechische Dichter Diogenes, der im 6. vorchristlichen Jahrhundert gelebt hat, klagte:

> Herzliche Freunde findest du immer
> In fröhlicher Runde, bei Schmaus und Wein,
> Doch beginnst du Wichtiges – wo sind sie alle?
> Niemand ist da.

Hier sind es also die oberflächlichen Freundschaften, die beklagt werden, es wird zwar Geselligkeit gepflegt, Amüsement gesucht, aber darüber hinaus gibt es kaum Gemeinsamkeiten. Wenn es „ernst" wird, verschwinden alle und fühlen sich nicht mehr angesprochen. – Auch die Bibel ist übrigens zurückhaltend und preist nicht unbesehen die Möglichkeiten der Freundschaft. Im Buch Jesus Sirach wird sogar die Gefahr heraufbeschworen, dass sich der Gastfreund zum Hausherrn aufschwingen könnte: „Solange dir's wohl geht, so ist er dein Geselle und lebt in deinem Hause, als wäre er auch Hausherr; geht es dir aber übel, so steht er wider dich und lässt sich nirgend finden." – Gerade weil Freundschaft etwas Anspruchsvolles ist, wird von den Dichtern vor schnellen Umarmungen gewarnt. Von Friedrich von Logau stammt das witzige Diktum:

Die Freundschaft, die der Wein gemacht,
wirkt, wie der Wein, nur eine Nacht.

Und die kluge Marie von Ebner-Eschenbach sagt auf ihre lakonische Art: „Es gibt wenig aufrichtige Freunde – die Nachfrage ist auch gering."

Mir scheint aber, diese Warnungen und kritischen Stimmen sind nur die Hintergrundfolie, um die Wichtigkeit und Kostbarkeit der Freundschaft herauszustellen. Wohl gibt es den Missbrauch und die Enttäuschung, aber wie viel strahlender und beglückender sind doch die gelingenden!

Wir sind dialogische Wesen, die erst zu sich kommen, wenn sie ein Du und ein Wir gefunden haben. Deshalb bedürfen wir der anderen Menschen, weil sie uns helfen, die eigene Wirklichkeit besser kennenzulernen. Je öfter sich Freunde treffen, je intensiver die Gespräche sind, die sie führen, und die Gedanken, die sie austauschen, desto mehr lernen sie sich kennen und werden miteinander vertraut. – Und doch ist die Kenntnis des anderen begrenzt und muss es auch sein. Jeder bleibt immer noch ein Eigener mit seiner Vorgeschichte, seinen Erinnerungen und Lernprozessen, mit seiner Weltsicht und seinen individuellen Plänen.

Eine Freundschaft hat wohl auch dann eine Aussicht auf Dauer und Festigkeit, wenn Freunde ihre Unterschiedlichkeit respektieren und nicht eine völlige Einheit der Meinungen und Gefühle voraussetzen. Elias Canetti hat sicher recht, wenn er Menschen lobt, die bei dem Versuch, andere verstehen zu lernen, „bis an den rechten Punkt vordringen und dann stehen bleiben". Zudringlichkeit und grenzüberschreitende Neugier hat die fatale Wirkung, dass man sich verschließt, den anderen beargwöhnt und die Gemeinschaft nicht mehr als hilfreich und wohltuend empfindet: Es fehlt die Grundlage des Vertrauens.

Jeder hat auch seine Geheimnisse und darf sie haben. Vielleicht kommt ja eine Stunde, in der man einen anderen an seinem Geheimnis teilhaben lässt. Eine restlose Mitteilung ist schon deshalb nicht möglich, weil ja jeder Einzelne sich selbst und sein Persongeheimnis gar nicht genau kennt. Eine Freundschaft besitzt immer ein labiles Gleichgewicht und hat – weil sie ja in einem lebendigen Prozess steht und einen dynamischen Charakter hat – ihre Höhen und Tiefen. – Wenn Freunde längere Zeit getrennt waren und sich dann wieder treffen, dann mag sofort die alte Vertrautheit wieder da sein, aber es kann auch sein, dass man erst wieder ein paar Schritte aufeinander zugehen oder etliche Prisen Salz miteinander essen müsste, damit die frühere Innigkeit wieder hergestellt wird. – Goethe hat davon gewusst; er war ja ein Meister langer Freundschaften und hat im Laufe seines Lebens ein riesiges Netz freundschaftlicher Verbindungen geknüpft, wusste aber auch um das labile Gleichgewicht einer Freundschaft. Bei ihm heißt es:

> Es ist unmöglich, dass ein alter Freund,
> Der lang entfernt ein fremdes Leben führte,
> Im Augenblick, da er uns wiedersieht,
> Sich wieder gleich wie ehmals finden soll.
> Er ist in seinem Innern nicht verändert;
> Lass uns mit ihm nur wenig Tage leben,
> So stimmen sich die Saiten hin und wieder,
> Bis glücklich eine schöne Harmonie
> Aufs neue sie verbindet.

Wie gehen wir miteinander um?

Es scheint sich von selbst zu verstehen, dass Freunde in voller Offenheit miteinander verkehren, sich gegenseitig nicht verstecken und belauern und kein Theater voreinander spielen. Und doch bleibt die Frage, ob es eine vorbehaltlose Offenheit geben kann oder ob wir nicht doch in einem „Rollenverhalten" bleiben. Wenn wir einmal beobachten, wie Menschen mit ihren unterschiedlichen Freunden umgehen, ob sie da dieselben Mienen haben, die gleiche Spracheigenheit deutlich werden lassen, ob sie die gleichen Themen behandeln, dann merken wir erst, wie vielschichtig wir Menschen veranlagt sind. Mit Recht macht uns Ludwig Tieck auf diese Eigenart aufmerksam: „Man lebt, wenn man das Glück hat, mehrere Freunde zu besitzen, mit jedem Freunde ein eigenes und abgesondertes Leben." Das ist keine Schizophrenie, sondern die Auswirkung der Differenzierung unserer Veranlagung und unserer Neigungen. Dieselben Erlebnisse und Begebenheiten werden wir verschiedenen Menschen zwar erzählen, aber auf unterschiedliche Art, mit jeweils anderem Akzent. Jedem Menschen treten wir auf andere Weise gegenüber, passen uns der Situation an und nehmen Rücksicht auf seine Aufnahmefähigkeit. „Mit jedem Freunde", sagt Marie Luise Kaschnitz, „hat man etwas, Teilnahme oder Bereicherung des eigenen Wesens oder die Möglichkeit, eben dieses zurückzusetzen und mit den anderen Augen zu sehen." Vielleicht haben wir ja nicht nur einen Freund, sondern mehrere, weil jeder Einzelne eine bestimmte Seite in uns anruft, die sonst noch keiner gefunden hat.

Das „Rollenspiel" in unserer Kommunikation ist wahrscheinlich notwendig. Das sollte man nicht als Versteckspiel verstehen, sondern als kreatives Theater, weil wir ja gezwungen sind, viele Rollen zu spielen, um uns selbst zu finden, den Kern unseres Wesens, der durch die gespielten Rollen erkennbar werden soll. Allerdings müssen wir auch immer wieder „aus der Rolle fallen", damit sich nicht eine einzige Rolle (die zur starren Maske geworden ist) verfestigt und dann nicht mehr abgelegt werden kann. „Lass mich scheinen, bis ich werde", dieses Goethe'sche Prinzip gilt wohl auch im Umgang mit unseren Freunden. – Wir wollen authentisch sein, aber es gibt auch eine Offenheit, die verletzt und andere abstößt. Nietzsche hat das in einer etwas brüskierenden Direktheit so ausgedrückt: „Du willst vor deinem Freunde kein Kleid tragen? Es soll deines Freundes Ehre sein, dass du dich ihm gibst, wie du bist? Aber er wünscht dich darum zum Teufel."

Es ist also immer ein Balanceakt, um den wir uns bemühen. Wir ringen um Offenheit und Direktheit, brauchen aber auch immer eine Verhaltenheit, eine Diskretion und Zurückhaltung, um nicht zu verletzen. Nicht alles kann zu jeder Stunde gesagt und getan werden, auch Freunde sind auf behutsamen Umgang angewiesen. Paul Valéry hat es so umschrieben: „Wahrhaft vertraut wird man nur unter Menschen, die im selben Maß diskret sind. Alles Übrige, Charakter, Bildung und Geschmack, zählt dabei wenig. Echte Vertrautheit beruht auf dem gegenseitigen Sinn für pudenda und tacenda. Dadurch lässt sie eine erstaunliche Freiheit zu; nun kann alles Übrige gesagt werden."

Freunde fallen nicht vom Himmel, wir müssen schon auf die Suche gehen und sehen, wo sie zu finden sind. Balthasar Gracian hat in seinem „Handorakel" darüber nachgedacht. „Um Freunde zu erwerben, ist das beste Mittel, sich welche zu machen. Das Meiste und Beste, was wir haben, hängt von anderen ab. Wir müssen entweder unter Freunden oder unter Feinden leben. Jeden Tag suche man einen zu erwerben, nicht gleich zum genauen, aber doch zum wohlwollenden Freunde: einige werden nachher, nachdem sie eine prüfende Wahl bestanden haben, als Vertraute zurückbleiben." Er weist also darauf hin, dass wir in unserem Alltag eigentlich dauernd unsere Mitmenschen daraufhin untersuchen, ob sie als unsere Freunde in Frage kommen oder ob sie sich eher als unsere Feinde erweisen. Allerdings müssen wir es uns auch gefallen lassen, dass wir selbst von anderen ebenso geprüft werden. Dieser Sondierungsvorgang wird dann auch entscheiden, ob der andere ein Freund im weiteren Sinn wird, der uns mit Wohlwollen begegnet, ohne in den engsten Kreis einbezogen zu werden, oder ob es ein „genauer Freund" wird, den man ins Vertrauen ziehen kann und der uns emotional nahe steht. In gewisser Weise hängt es auch von uns ab, ob sich das Klima im zwischenmenschlichen Verkehr freundlich entwickelt und von Wohlwollen getragen ist oder ob das Misstrauen und eine schroffe Widerborstigkeit vorherrschen.

Auch an einer anderen Stelle seines „Handorakels" kommt Gracian auf die Freundschaft zu sprechen, da heißt es: „Erst nachdem der Verstand sie geprüft und das wechselnde Glück erprobt hat, sollen sie es sein, erkoren nicht bloß durch die Neigung, sondern auch durch die Einsicht (...). Es gibt echte und unechte Freundschaften, diese zum Ergötzen, jene zur Fruchtbarkeit an gelungenen Gedanken und Taten. Wenige sind Freunde der Person, die meisten der Glücksumstände. Die tüchtige Einsicht eines Freundes nützt mehr als der gute Wille vieler andern: daher verdanke man sie seiner Wahl, nicht dem Zufall." – Vermutlich werden wir alle mehr oder weniger diesen Prinzipien folgen, nur bleibt es eine offene Frage, ob wir tatsächlich so rational und sachlich die Wahl unserer Freunde

angehen oder ob diese Scheidung der Geister nicht viel unge-
planter und unreflektierter vor sich geht.

Wie gestalten wir einen Abend?

Fröhliche Zusammenkünfte können ganz unterschiedlich sein.
Wenn hier vorgeschlagen wird, man solle mit den Beteiligten
des Kreises schon vorher eine Thematik vereinbaren, dann ist
das aus der Erfahrung gewonnen, dass bei einem solchen Vorgehen am ehesten erreicht werden kann, dass alle sich beteili-
gen können: Sie haben sich schon auf die Fragestellungen ein-
gestellt und vielleicht wurden bei den Einzelnen schon Ideen
geboren, die in den Abend einfließen können. Die Thematik
kann natürlich auch ganz weit und offen sein und es jedem
überlassen, wie er sie auffasst.

Nehmen wir ein Beispiel: Wir haben uns bei der letzten Zusammenkunft vorgenommen, dass beim nächsten Mal jeder
ein Gedicht mitbringt oder eine kleine Geschichte. Er oder sie
soll sie dann vortragen und sagen, was dieser Text für ihn bedeutet und warum er für das eigene Leben wichtig geworden
ist. – Nun kommen natürlich die unterschiedlichsten Verse
oder Geschichten in die Runde, die untereinander kaum etwas
zu tun haben. Aber alle haben sie etwas mit dem Menschen zu
tun, der sie vorträgt, und so kommen wir uns auch untereinander näher und lernen uns auf diese Weise vielleicht besser
kennen, als würde jeder aus seinem Leben erzählen. Und wenn
die anderen berichten, dass dieses Gedicht bei ihnen ganz andere Reaktionen auslöst, dann sind wir plötzlich in einem sehr
anregenden Rundgespräch. Wichtig ist dabei allerdings, dass
wir nicht den Akzent auf „korrekte Interpretation" und

„Textanalyse" legen, sondern der subjektiven Sehweise viel Raum gewähren. Was einer mit diesem Text verbindet, muss ihm auch zugestanden werden, im Gefühlsbereich gibt es kein „Richtig" oder „Falsch".

Man kann auch noch offener vorgehen und dem Einzelnen noch mehr Freiraum geben. Wenn ich sage: „Was habt Ihr seit unserem letzten Zusammensein erlebt, was war wichtig, was ist an offenen Fragen bei Euch aufgetaucht, was drängt uns, dass wir es den anderen erzählen möchten?", dann hat jeder die Möglichkeit, etwas, das ihn bewegt oder bedrängt, in den Kreis einzubringen und mitzuteilen. Es ist ganz gut, wenn einer im Kreis auf lockere Art den Gesprächsverlauf leitet, aber oft geht das auch ohne „Regulierung" ganz lebendig vor sich. Aufgepasst sollte werden, dass es nicht zu endlosen Monologen kommt und dass nicht einer dem anderen das Wort abschneidet oder mit seinen „Urteilen" einen anderen abqualifiziert.

Haben wir uns eine ganze Weile nicht mehr getroffen, weil vielleicht die Sommerferien dazwischen waren, dann legt es sich nahe, dass jeder von seinen Reiseerlebnissen erzählen kann, vielleicht auch seine Bilder oder Videofilme präsentiert, die er unterwegs aufgenommen hat. Auf diese Weise wächst der Kreis wieder zusammen und jeder nimmt am Schicksal der anderen wieder teil.

Ist eine Situation zu hitzig geworden oder hat sie sich etwas ins Uferlose verlaufen, dann kann man ein anderes Medium einschalten: Ich erinnere mich an eine konkrete Situation, da drehte sich ein Gespräch fruchtlos im Kreise, bis jemand sagte: „Wir könnten jetzt mal eine ruhigere Phase einschalten; wie wäre es, wenn wir eine Weile gemeinsam eine Musik hören und uns ganz auf diese Klänge konzentrieren?" Und tatsächlich veränderte sich die ganze Atmosphäre völlig, sodass danach eine andere Hörbereitschaft eingetreten war.

So wichtig bei solchen Abenden das Rundgespräch ist, der verbale Austausch, auch ganz andere Möglichkeiten und Methoden sollte man immer bedenken. Vor allem spielerische Elemente tragen ja wunderbar dazu bei, dass sich Menschen begegnen. Eine köstliche Möglichkeit ist z. B. das Stegreifspiel: Es wird eine konkrete Situation angedeutet, der Umriss eines Streitfalls, und nun sollen sich einige Spieler in diese Situation hineinbegeben und spontan eine Lösung finden, sollen den „Fall" ausagieren.

Und weil ja auch das gemeinsame Malen eine reizvolle Möglichkeit bietet, könnte man an einem Abend dazu einladen, dass sich immer zwei aus der Runde zusammensetzen und sich folgender Aufgabe widmen: „Ihr sollt gemeinsam ein Bild malen, müsst das aber im Schweigen tun, habt keine Möglichkeit, Euch über ein Subjekt abzusprechen, sollt vielmehr abwechselnd ein Element in Euer Bild eintragen, wobei Ihr durchaus Eure Vorstellung einbringen dürft, aber in Respekt zu Eurem Partner, der ja auch eine Bildidee hat." Und nun ist es natürlich interessant, was dabei herauskommt: Haben sie gegenseitig aufeinander Rücksicht genommen? Ist etwas Gemeinsames dabei herausgekommen? Hat einer den anderen dominiert oder hat einer sich immer untergeordnet und angepasst?

Die Struktur eines solchen gemeinsamen Abends kann natürlich ganz unterschiedlich geprägt sein. Man kann mit einem gemeinsamen Essen beginnen, was vor allem dann wichtig ist, wenn manche Teilnehmer direkt von der Arbeit kommen und entsprechend hungrig sind. Eine lockere Phase des Ankommens und der Kontaktaufnahme ist natürlich wichtig, sie sollte sich allerdings nicht uferlos dahinziehen, sonst ist die gemeinsame Zeit davongelaufen, bevor man sich überhaupt richtig versammelt hat.

Ist der Kreis tanzlustig und tanzerprobt, dann erweist es sich als reizvolle Möglichkeit, den Abend mit einem Rundtanz zu beenden. Ob das nun ein Volkstanz ist, ein meditativer Tanz oder ein Gesellschaftstanz, das kommt ganz auf die Besonderheit des Kreises an.

Das Thema für einen kommenden Abend muss natürlich auch vorbereitet werden. Vielleicht werden ja viele Themen in die Runde geworfen, dann muss abgestimmt werden, welche Fragestellung am meisten Zustimmung findet und die Chance bietet, dass alle sich angesprochen fühlen und einen Aspekt entdecken, der ihnen liegt und wo sie Vorerfahrungen oder Kenntnisse einbringen können.

Wenn ich hier ein paar mögliche Themengebiete andeute und auf eigene konkrete Erfahrungen zurückgreife, dann ist mir die Problematik dieses Vergehens durchaus bewusst. Es sind ja keine kopierbaren „Modelle", die beliebig umgesetzt werden können, sondern Beispiele aus der Vergangenheit, die andeuten sollen, wie sich so etwas entwickeln kann und wie unterschiedlich die Themen und Vorgehensweisen sein können. Ich kann nur hoffen und wünschen, dass die Leserinnen und Leser bei der Lektüre dieser Skizzen ganz eigene Ideen entwickeln und gleich Lust haben, völlig andere Möglichkeiten zu erwägen und auszuprobieren.

Variationen über die Zeit – Ein Abend im Advent

Bei unserer letzten Zusammenkunft haben wir uns gefragt, was wir uns für die Adventszeit vornehmen sollten – und ziemlich spontan einigten wir uns darauf: Wir denken einmal über die ZEIT nach. Was ist daran reizvoll? Nun, wir werden dauernd von der Zeit beschenkt, uns wird in jedem Augenblick ein „Zeitmoment" angeboten, sodass sich in unserem Leben so etwas wie „Dauer" bilden kann. Und trotzdem haben wir immer den Eindruck, keine Zeit oder zu wenig Zeit zu haben, wir stehen unter Zeitdruck und werden von der Zeitenge bedrängt.

Bei diesem Thema sind wir alle Experten und können von unseren Erfahrungen und Eindrücken berichten. Allerdings sind wir doch auch ziemlich unterschiedlich veranlagt, denn einer ist die Ruhe in Person und lässt sich selbst bei einem Termindruck nicht aus der Fassung bringen; offensichtlich hat er „alle Zeit der Welt", und die Gelassenheit sieht man ihm an; andere dagegen erleben sich als Nervenbündel, wenn ihnen die Fülle der Pflichten zusetzt und ihnen das Dach über dem Kopf zusammenfällt. – Aber ein anderer Aspekt ist vielleicht noch wichtiger: Welche Zeiten in unserem Leben waren wichtig, haben sich unauslöschlich eingeprägt und bestimmen bis heute unsere Erinnerung; welche Zeiten waren ärgerlich, langweilig oder so schlimm, dass wir sie am liebsten aus unserem Gedächtnis löschen würden? – Wenn wir hier aus dem Schatz unseres Erlebens auspacken und zu erzählen beginnen, haben wir vermutlich schnell eine spannende Runde beieinander. Offenbar gibt es in jedem Menschenleben Augenblicke, in denen sich das ganze Schicksal entscheidet und bei denen alles darauf ankommt, hellwach zu sein und die Gunst (oder die Gefahr) der Stunde zu erkennen.

Wir haben für den Abend einige Bilder vorbereitet, Blätter aus Kunstkalendern, Postkarten, Zeitungsausschnitte. Da sind natürlich die berühmten zerfließenden Uhren Salvador Dalís dabei, die keine Zeit mehr ansagen können, aber auch Bilder von Marc Chagall, auf denen die Uhren durch die Luft fliegen und mit ihren Armen auf etwas zeigen, als wollten sie die Bedeutung einer Stunde herausstellen und uns bewusst machen, „was die Stunde geschlagen hat". Da ist ein Bild des Engels mit der Sonnenuhr vom Turm der Kathedrale von Chartres, mittelalterliche Bilder vom „Sensenmann mit dem Stundenglas" und manche anderen. – Weil aber auch in der Dichtung die Zeitproblematik eine große Rolle spielt, haben wir ein paar Texte zusammengestellt. Da gehören ein paar Sätze aus den „Confessiones" von Augustinus unbedingt dazu, einige Passagen von Pascal und Kierkegaard, aber vor allem Gedichte aus allen Jahrhunderten.

„Ach, wohin sind all meine Jahre verschwunden!", klagt Walter von der Vogelweide. „Ich muss seither geschlafen haben, ohne es zu wissen."

Annette von Droste-Hülshoff fordert uns auf, auch die unscheinbarste Stunde ernst zu nehmen, weil sie vielleicht etwas Kostbares anbietet. „Pflücke die Stunde, wär' sie noch so blass …"

Und Gottfried Keller versucht, unser übliches Denken umzupolen: Nicht die Zeit ist es, die sich bewegt und immerzu weitergeht: Wir sind es vielmehr, die in einem permanenten Wandlungsprozess stehen:

> Die Zeit geht nicht, sie stehet still,
> Wir ziehen durch sie hin;
> Sie ist ein Karawanserei,
> Wir sind die Pilger drin.

Der Gedichtanfang eines Rilkegedichts ist wie ein mahnender Weckruf, um innezuhalten und darüber nachzudenken, wie wir mit der uns geschenkten Zeit umgehen:

> Wunderliches Wort: die Zeit vertreiben!
> Sie zu halten, wäre das Problem.

In der zeitgenössischen Lyrik finden sich unzählige Beispiele, in denen von der Zeit die Rede ist. Ein köstliches Beispiel von Rose Ausländer kann als kleines Beispiel dienen:

> Ich bin
> mit allem einverstanden
> sagt eine Minute
> die nächste sagt
> NEIN
> die nächste
> Ja
> Ach diese zanksüchtige
> Zeit.

Nun kann der Abend kommen; ich bin gespannt, was sich alles ereignen wird, was für Reaktionen die Bilder und Texte auslösen werden, vor allem natürlich, was unsere Freundinnen und Freunde von ihren eigenen Zeiterlebnissen erzählen werden.

Bilder sprechen lassen – Wir „erfinden" Biografien

Bei unserem letzten Beisammensein haben wir uns etwas sehr Ausgefallenes einfallen lassen. Wir wollten Reproduktionen von Ölgemälden anschauen, sie genau betrachten, um dann zu versuchen, die Biografie der Dargestellten zu erschließen. Was erzählen uns die Gesichter, ihre Haltung, die Kleider, das Ambiente, was verraten auch die verwendeten Farben, was die Wohnungseinrichtung, der Blick aus dem Fenster usw. Nun haben wir also eine Menge Bilder aus Kunstkalendern der vergangenen Jahre zusammengetragen, Bilder von Holbein und Dürer, von Tizian und Renoir, von Lenbach und van Gogh. Und wenn wir zu unserem Abend zusammenkommen, kann sich jeder eines der Bilder aussuchen, es in Ruhe betrachten, vielleicht sogar mit ihm ein Gespräch führen, um dann den Versuch zu machen, diesen dargestellten Menschen zu charakterisieren: Was hat er wohl für Eigenschaften, was für eine Kindheit mag ihn geprägt haben, welchen Beruf hat er sich wohl gewählt, wie selbstbewusst oder ängstlich erscheint er uns? Möchte ich gerne mit ihm in Verbindung treten oder ist er mir fremd? Zieht er mich an oder stößt er mich eher ab?

Selbstverständlich geht es bei diesem spielerischen Vorgehen nicht um Kunstgeschichte und Bildanalyse, wir vertrauen einfach unseren subjektiven Eindrücken, den spontanen Reaktionen, wir dürfen unsere Gefühle sprechen lassen und brauchen auch Sympathie oder Antipathie nicht zu scheuen. – Wir hoffen auf einen besinnlichen, aber auch lustigen Abend.

Tatsächlich: Es wurde an diesem turbulenten Abend auch viel gelacht. Offensichtlich war es nicht immer Zufall, welche Bilder die Einzelnen gewählt haben. War es eine unterschwellige Verwandtschaft, war es eine geheime Sehnsucht, was sich da gemeldet hat, oder hat einer geradezu sein Kontrastbild gewählt? Auf jeden Fall waren alle mit Feuereifer bei der Sache. Auch Teilnehmer, die sich etwas schwertun, ins Gespräch einzusteigen, haben plötzlich sehr persönliche Aussagen gemacht.

Für alle war es eine Entdeckungstour, bei der sie wahrnehmen konnten, was die Betrachtung eines Bildes alles auslösen kann; und mit Überraschung hat jeder auch etwas über sich selbst entdeckt.

Heitere Geschmacksetüden – Ein Abend im Herbst

Ausgelöst wurde dieser Abend durch einen Gang über den Obstmarkt. Wir waren nämlich überwältigt von der Fülle der Obstsorten, die uns da in die Augen (aber auch in die Nasen) sprangen. Da lag nicht nur die ganze Bandbreite der verschiedensten Apfelsorten, von den knallroten über die vielfarbig melierten bis zu den hellgelben und giftgrünen, da gab es natürlich Birnen und Trauben, aber auch Kiwis, Mangos, Ananasse und Bananen, sogar frische Feigen und Datteln lagen aus. Wir konnten nicht widerstehen und kauften ein bunte Mischung von diesen duftenden Verlockungen.

Als am Abend die Freunde zusammenkamen, staunten sie nicht schlecht über diese große Schale mit all den Kostbarkeiten. Am liebsten hätten sie gleich zugegriffen, aber wir bremsten den Appetit und kamen mit unserer Idee heraus. Es gibt so viele verschiedene Obstsorten in der ganzen Welt und wir haben das Glück, an dieser Vielfalt teilzunehmen. Jede Frucht hat ihr eigenes Gepräge, sieht nicht nur anders aus als die übrigen Obstarten, sondern hat einen besonderen Geschmack, liegt anders im Mund, muss anders gebissen, gelutscht, gekaut und geschluckt werden. Hat unsere Sprache eigentlich genügend Worte und Begriffe für diese unglaubliche Differenzierung der Geschmacksrichtungen? Wir können ja mal versuchen, den unterschiedlichen Früchten mit unseren Nasen und unseren

Geschmacksorganen nachzuspüren, um herauszufinden, ob wir sie mit Worten aussprechen können. Natürlich, wir sind schnell dabei, zu sagen, etwas sei süß oder sauer, bitter oder herb, das eine sei scharf und das andere mild. Werden wir aber dabei wirklich der besonderen Eigenart gerecht, die wir in unserem Mund spüren? Ist unsere Sprache so arm oder warum fällt es uns so schwer, treffsicher und differenziert das Richtige zu treffen?

Und nun werden wir die Früchte aufschneiden und wir nehmen verschiedene Sorten in den Mund, nicht gleich große Bissen, sondern kleine Stücke, wir lassen sie erst einmal wirken, um nachspüren zu können, was sie in unserem Gaumen auslösen. – Ja, und nun durfte endlich sich jeder an die bunte Pracht begeben, nahm einen Apfelschnitz oder ein Stück der Nektarine in den Mund, ein kleines Träubchen oder das Stückchen einer Kiwi. Das Ganze ging in einer Atmosphäre beschwingten Schweigens vor sich, jeder sollte sich auf einem Zettel Notizen machen, was ihm zu der einen oder anderen Frucht einfiel. Da saßen wir nun, manche hatten ganz verzückte Gesichter, manche verzogen auch ihre Mienen oder mussten über sich und andere lachen. Aber bei der Sache waren sie alle, es machte doch einen Riesenspaß, für diese scheinbar so alltäglichen Geschehnisse Worte, Bilder, Vergleiche zu finden. Erst nach einer ganzen Weile kreativen Nachdenkens trugen wir unsere „Forschungsergebnisse" zusammen und freuten uns über die Vielfalt der Aspekte, die zur Sprache kamen.

> *Über die Kiwi heißt es bei einer Teilnehmerin:*
> Woran erinnerst du mich?
> An die Weintraube? An die Stachelbeere?
> Dein Fleisch ist fester, dein Geschmack lieblicher.

Du erinnerst mich an Süden und Sonne.
Ich fühle mich von dir verwöhnt:
Du gibst mir Nahrung und stillst meinen Durst.

Ein anderer notiert sich folgende Erfahrung:
Der erste Bissen war enttäuschend:
bitter bist du und säuerlich.
Mein Gaumen zieht sich zusammen.
Bevor ich dich ausspucke, muss ich dich noch einmal
probieren.
Der grüne Happen mit seinen dunklen Körnern,
wie seltsam schmeckt er.
Erst der dritte Bissen bringt Genuss.

Eine dritte Stimme:
Seltsam mehlige Frucht,
deine milde Säure hat einen liebenswerten Nachge-
schmack.
Du musst in einem Land gewachsen sein,
wo die Menschen sich sanft und fließend bewegen.

Von der Weintraube schreibt jemand:
Süße Beere, wie saftig du bist; ganz unaufdringlich
machst du mich durstig –
und stillst meinen Durst.
Die Verheißung des Weines kann ich schon ahnen.

Und ein anderer:
Einen kleinen Ballon hab ich im Mund,
elastisch dehnt sich das Bällchen,
bis die Zähne ruckartig eindringen.

Mit einem leichten Knall (nur für mich hörbar)
Springt süßer Saft in meine Mundhöhle.
Eine Süße, die schon den künftigen Wein ahnen
lässt.

Beim Granatapfel hatten wir weniger Glück. Vielleicht war er
noch nicht reif genug oder er hat die lange Reise nicht vertragen.

Auf jeden Fall notiert sich eine Frau:
Vollendet wirkst du, glatt und selbstbewusst.
Dein Inneres hast du gut verpackt und versteckt.
Die nur scheinbar wohlschmeckenden Kerne sind
winzig,
sie leisten Widerstand, vermitteln aber keinen Ge-
nuss.
Viel Lärm um nichts.

Ein anderer hat es ähnlich empfunden:
Wie zauberhaft ist deine Form,
es ist wie die Verheißung des nahen Paradieses.
Aber der Gaumen rebelliert schnell gegen den Bitter-
stoff.
Nun ja, mit den Körnern kann man gut spucken.

*Für die Enttäuschung entschädigt er sich bei den Wein-
trauben:*
Köstlich, jede ist anders, wie bei Pralinen.
Man kann immer weiter essen.
Auch wenn die eine harte Schalen hat,

dafür ist die nächste voller Süße.
Noch eine gönn ich mir.

Das sind nur ein paar Beispiele. Einen Text muss ich noch anfügen, da hat einer versucht, dem Ganzen der Fruchtschale gerecht zu werden:

> Unbekannte Früchte
> Sich abwandelnder Geschmack
> Pflaumenpfirsichsüße,
> gurkengesichtig –
> nun für immer nektarinensüß,
> gewohnte Apfelsinensüße,
> gewohnte Traubensüße,
> aufgerissener Schalenduft
> ernüchternd
> letzter Geschmack
> ein Granatapfelstückchen
> gereinigter Zungenwärter.

Das Land der aufgehenden Sonne –
Ein japanischer Abend

Ein uns befreundetes Ehepaar war in Japan gewesen, sie hatten an einem internationalen Kongress teilgenommen. Aber da sie nicht nur in stickigen Sälen gesessen und endlosen Referaten zugehört hatten, waren sie auch im Land herumgekommen und wollten uns unbedingt von ihren Erlebnissen berichten. So kam es zu der Idee, einmal einen japanischen Abend zu gestalten. Sonst war von unserem Kreis noch keiner im Fernen

Osten gewesen, aber wir hatten ja alle eine Ahnung von diesem fernen faszinierenden „Land des Lächelns", und bald bekamen wir auch Ideen, was wir für diesen Abend einbringen könnten. Unser Geograph wollte uns etwas erzählen über dieses gebirgige Land, von dem ja nur ein Teil überhaupt bewohnbar ist, von seinen Vulkanen und den Gefahren der Erdbeben. Unserer Märchenerzählerin fielen gleich eine Reihe eigenartiger Geschichten ein, die so ganz anders klingen als unsere Volksmärchen. Da auch eine Geschichtslehrerin zu unserem Kreis gehört, war klar, dass sie etwas über die wechselhafte Geschichte Japans berichten wollte, über den Tenno und die Samurai, über die lange Selbstabkapselung und die stürmische Modernisierung in den letzten einhundert Jahren. Unser Architekt wusste interessante Einzelheiten über die japanische Bauweise zu berichten, die dünnen Wände in den Häusern, die dazu nötigen, vorsichtiger miteinander umzugehen und seine Stimme zu mäßigen. Und weil in den Städten der Wohnraum knapp und teuer ist, haben viele Familien gar keine feststehenden Betten, sondern bewegliche Matten, die Tatamis, die am Morgen wieder zusammengerollt und aufbewahrt werden. – Es war klar, dass wir natürlich japanisch essen würden, die Stäbchen hatten unsere Freunde schon mitgebracht und eine Flasche Sake natürlich auch. Etliche Teilnehmer kamen sogar im Kimono und brachten altjapanische Koto-Musik auf Schallplatten mit, sodass auch der fremde Klang uns in die andere Welt entführen konnte.

Im Mittelpunkt stand natürlich die Erzählung unserer Weltreisenden, wie sie zenbuddhistische Klöster und uralte Tempel besucht und was sie für Eindrücke von Land und Leuten empfangen hatten. Und als wir etwas über die japanische Literatur erfahren hatten, vor allem über die berühmten Kurzgedichte, die Haikus, stand fest, dass wir uns doch einmal darin versuchen könnten und Haikus dichten.

Durch ein paar Schlückchen Sake in die rechte Stimmung gebracht, saßen wir anschließend beieinander, jeder über einen Block gebeugt und seinen Gedanken nachhängend. Nach einer Weile gesammelten Schweigens tauschten wir unsere Ergebnisse aus. Hier ein paar Beispiele:

> Regen fließt herab
> Fluss trägt im Fließen das Boot
> Wir im Fluss der Zeit

> > O strahlender Mond
> > Weisheit den Menschen du gibst
> > Uns leuchte dein Schein

> Fudjijama hoch
> Wolken ziehen stumm und weiß
> Roter Vulkan schweigt

> > Maske No wie tot
> > Doch geheimes Leben glüht
> > Ewig Menschen Art

> Bogen über Blau
> Unter brechender Wolke
> Wo ist die Mitte?

> > Schweigen und Atmen
> > Gedanken tragen uns weit
> > Nah sind die Hände

Die Welt verlässt er –
Er streift sie ab wie ein Kleid
Schließlich ganz allein

> Freundliche Blüten
> Öffnen die Kelche duftend
> Runde aus Freundschaft

Nach innen gewandt.
Die Zartheit seiner Finger
Redete mich an.

Es ist merkwürdig: Gerade dieser fast naive Versuch, uns in die Bildersprache japanischer Dichtung einzufühlen, hat uns stärker geholfen, etwas vom Geist dieser fremden Welt zu verstehen als alle theoretischen Informationen.

Jeder hat seine eigenen Freundschaftsgeschichten

Lässt sich vielleicht die eigene Lebensgeschichte als eine Geschichte der verschiedenen Freundschaften erzählen? Ist es möglich, dass es gerade die wichtigen Begegnungen in einer Lebensphase sind, die dem betreffenden Abschnitt sein besonderes Gepräge gegeben haben? Dann wären die neuen Freundschaften auch mit den Zäsuren verbunden, den Einschnitten in unserem Lebenslauf, die etwas Neues ankündigen und mit Veränderungen in unserem Denken und unserer Selbsteinschätzung zusammenhängen. – Bei Marie Luise Kaschnitz habe ich einmal gelesen: „Von jedem Freunde hat man ja etwas, Teilnahme oder Bereicherung des eigenen Wesens oder die Möglichkeit, ebendieses zurückzusetzen und mit den anderen Augen zu sehen." Es wäre also kein Verrat an den alten Freunden, wenn sich da eine neue Beziehung ankündigt, die auch neue Chancen für die künftige Entfaltung eröffnet, ja sogar neue Dimensionen des eigenen Wesens aufzeigt. Und weil wir ja bis ins Alter noch dazulernen und immer noch vieles aussteht, was wir noch nicht erreicht und verwirklicht haben, mag uns auch noch in späten Lebensabschnitten das Geschenk einer überraschenden Freundschaft zuteil werden. Hugo von Hofmannsthal schrieb einmal an seinen Freund Carl Jacob Burckhardt: „Es ist, wenn man in mein Alter gekommen ist, die Freundschaft und eine neue Freundschaft wie ein wunderbares Elixier. Man muss sich erneuern, will man nicht erstarren." Nun war Hofmannsthal ein durchaus wählerischer und anspruchsvoller Freund, und viele seiner Freundschaften waren auch schwierig und von Krisen geschüttelt. Aber wichtig waren sie für sein Leben, ohne sie kann man weder seinen Weg noch sein Werk verstehen.

Können aber auch wir „normalen" Menschen, die nicht ein herausgehobenes Leben führen und kein herausragendes Werk vorzeigen können, auf unsere Freundschaften zurückschauen, um den Verlauf und das Gefälle des eigenen Lebens besser zu verstehen? Welche Freundschaften fallen mir ein, längerfristige oder auch kurzzeitige, von denen ich den Eindruck habe, dass sie nicht nur Spuren hinterlassen, sondern mich dauerhaft geprägt haben?

*

Der erste Freund, der mir einfällt, ist mein Vetter Eugen. Er war drei Jahre älter als ich, das ist für einen Jungen ein riesengroßer Abstand. Natürlich war er mir meilenweit voraus und konnte alles schon viel besser, wenn ich auch nur daran dachte, etwas zu lernen. Dazu konnte er Klavier spielen, war sprachbegabt und hatte eine Fähigkeit, andere zu führen und anzuleiten. Aber das Wichtigste war: Er nahm mich kleinen Jungen überhaupt wahr, hatte Zeit für mich, redete mit mir und nahm mich in seine „Gruppe" hinein. Nun muss man wissen, dass dieses Wort „Gruppe" eine geradezu magische Bedeutung für uns damals hatte. Zu einer Gruppe zu gehören, das hieß, in eine Gemeinschaft aufgenommen zu sein, einem „Bund" anzugehören. Es war Nazizeit, wir waren alle Mitglieder einer „Bündischen Gruppe" der kirchlichen Jugendbewegung gewesen, diese Organisationen waren mittlerweile verboten oder in den „Untergrund" gegangen. Und nun durfte ich in Eugens Gruppe mitmachen und an ihren Abenden teilnehmen. Nun, wir haben keine Bomben gebaut und keine Attentate geplant, sondern haben nur verbotene Lieder gesungen und in Büchern gelesen, die auf der schwarzen Liste standen. – Und natürlich sind wir

„auf Fahrt" gegangen, das war auch so ein geheimnisvoller Ausdruck, der eine ungemein wichtige Bedeutung für uns hatte. Da lernte ich, wie man ein Zelt aufbaut, wie ein Lagerfeuer zusammengesetzt und entzündet wird, dass man auf einer Fahrt für die Quartiere verantwortlich ist, dass der Proviant besorgt werden muss. Aber noch wichtiger war, was für Gespräche geführt wurden, welche Geschichten erzählt werden sollten. Und beim nächtlichen Lagerfeuer mussten natürlich auch Feuersprüche rezitiert werden. Unvergesslich ist mir der Vers von Stefan George, den wir mit Inbrunst gemeinsam gesprochen haben:

> Wer je die flamme umschritt
> Bleibe der flamme trabant!
> Wie er auch wandert und kreist:
> Wo noch ihr schein ihn erreicht
> Irrt er zu weit nie vom ziel.
> Nur wenn sein blick sie verlor
> Eigener schimmer ihn trügt:
> Fehlt ihm der mitte gesetz
> Treibt er zerstiebend ins all.

Wir verstanden den Text zwar nicht, aber für uns war er ein Geheimcode, der uns einte und auf die imaginäre Flamme unserer Begeisterung und unserer Gemeinschaft verpflichtete. Es verstand sich für uns von selbst, dass „der mitte gesetz" unser christlicher Glaube war und dass die Nationalsozialisten den klaren Blick verloren hatten und dem fragwürdigen Schimmer ihrer Ideologie folgten, sodass sie irgendwann ins All zerstieben würden.

Aber Eugen war für mich auch in anderer Hinsicht ein Augenöffner. Er nahm mich nämlich zum ersten Mal mit in die Oper, ausgerechnet den Ring der Nibelungen wollte er mir nahbringen. So spielte er mir den „Feuerzauber", den „Walkürenritt" und andere motivgeladene Melodien immer wieder vor, sodass ich von seiner Begeisterung mitgerissen wurde und im Stehplatz des dritten Rangs der Frankfurter Oper stundenlang tapfer aushielt und schließlich Wagners Ohrwürmer vor mich hinsang oder -pfiff. – Wahrscheinlich wäre mein „Noviziat" bei Eugen noch lange nicht vorüber gewesen, aber weil er zum Militär eingezogen wurde und dann auch noch in den letzten Kriegsmonaten im Weichselbogen fiel, blieb nur die Erinnerung an ihn und die Dankbarkeit für seine Impulse.

*

Nicht nur die durchlebten Freundschaften prägen sich unserem Gedächtnis ein, auch die erhofften und ersehnten haben ihre Bedeutung, selbst solche Zeiten, in denen es uns an einer persönliche Freundschaft ermangelt. – Ich kam nach dem frühen Tod meiner Eltern als Vierzehnjähriger in eine Stadt des Ruhrgebiets: Es war Krieg, die nächtlichen Luftangriffe auf unsere Stadt bestimmten den Alltag, es gab wenig zu essen, sodass immer ein Hungergefühl im Magen blieb; alles war mir fremd, außer meinen Verwandten kannte ich keine Menschenseele. Der Brückenschlag in die Schulklasse war schwierig, die Klassenkameraden hatten einen anderen „Slang" als ich und amüsierten sich über meinen hessischen Zungenschlag. Vielleicht habe ich mich in meinem ganzen Leben nie so allein gefühlt wie in diesen ersten Monaten des „neuen Daseins". Wem sollte ich etwas von dem erzählen, was in mir vor sich ging, es war ja niemand da, der auch nur eine Spur Interesse an mir hatte. – Irgendwann begann ich – aus Langeweile – mir in ein

Heft Notizen zu machen, kleine Einträge und seltsame Stichworte, wahrscheinlich waren es Stammeleien, eine Art Flaschenpost ins Nirgendwo. Ich weiß nur noch, dass dieses Schreiben in irgendeiner Weise beruhigend war. Wenn es schon kein Ohr gab, dem ich etwas mitteilen konnte, so war es doch wenigstens ein Stück Papier, auf das ich Einfälle notieren konnte: Nun standen sie da, ich war sie losgeworden, aber ich konnte sie wieder lesen und sie weiterführen. Irgendwie war ich nicht mehr ganz allein, ich hatte ein imaginäres Gegenüber gefunden, ein unscharfes Spiegelbild, das mich aber doch tröstete. Vielleicht hatte ich nur eine Möglichkeit entdeckt, den „inneren Dialog", das selbstverständliche Gespräch, das man mit sich selbst führt, etwas zu konkretisieren und einzufangen. Es war ja nur das Echo der eigenen Stimme, was ich vernahm, und trotzdem war ich plötzlich in eine seltsame Beziehung gerückt und fühlte mich nicht mehr so allein.

Das Führen des Tagebuchs endete so plötzlich, wie es begonnen worden war, und das hatte einen einzigen Grund: Ich fand einen Freund. Vielleicht war Norbert in einer ähnlichen Lage wie ich selbst, er kam aus einer anderen Stadt und musste sich neu orientieren. Vielleicht haben wir auch die versteckte Not im anderen geahnt und unbewusst gespürt, dass es eine bedrohliche Vereinsamung war, die uns quälte und dazu führte, die Fühler auszustrecken und einander zu suchen. Norbert war ein ziemlich stiller Junge, der nicht viel redete, aber gut zuhören konnte. Außerdem war er ein vorzüglicher Schachspieler und brachte mir bald die Kniffe des „königlichen Spiels" bei. So saßen wir bald schweigend zusammen, hingegeben ins gemeinsame Spiel. Endlich hatte ich ein Gegenüber gefunden, einen, der auch vom Hunger geplagt war, der auch nachts bei den Luftangriffen Angst hatte und der vor allem jemanden brauchte, mit dem er sich darüber und über viele andere Dinge austauschen konnte.

Bald entdeckten wir noch eine weitere Gemeinsamkeit: Wir waren beide „Waldläufer", zogen stundenlang durch einsame Gegenden, beobachteten Vögel und Käfer und anderes Getier, saßen an einem schilfbestandenen See und lauschten den hundert Geräuschen in der Nähe und der Ferne. Viel haben wir nicht miteinander geredet, unsere Verbundenheit brauchte nicht viele Worte. Was aber viel wichtiger war: Es gab jemanden, auf den man sich freuen konnte, der auf einen wartete, mit dem man schweigend verbunden war.

*

Nach einem weiteren Jahr musste ich wieder die Stadt wechseln und in einer neuen Schule meinen Platz suchen. Diesmal ging es schneller; mit Gereon saß ich auf der gleichen Bank und in wenigen Wochen verdichtete sich unsere Freundschaft. Es war für ihn schon als Vierzehnjährigen klar, dass er Architekt werden würde, von der Kunstgeschichte war er ganz erfüllt, und wenn ihn der Unterricht langweilte, dann entwarf er mit Eifer moderne Kirchen in wagemutigen Formen. Wenn ich bei ihm zu Hause war, holten wir uns die Kunstbücher seines Vaters und schwelgten nun in allen Jahrhunderten und allen Stilen, bewunderten einmal die Gotik mit ihren spitzen Formen, dann wieder tauchten wir in die Antike hinunter, staunten über die griechischen Tempel und die Ausgrabungen von Pompeji, um uns dann wieder dem Expressionismus zuzuwenden oder aber die Höhlenbilder der Altsteinzeit anzustaunen. – Mit ihm habe ich dann auch die ersten großen Radtouren gemacht, und es war eine Freude, gemeinsam unsere „theoretischen Studien" nun an Ort und Stelle zu überprüfen: die Münster von Straßburg und Freiburg, die frühe Romanik in der Reichenau, der festliche Barock in Weingarten, das späte Rokoko und das Empire in Neresheim. Durch die mittelalterlichen Städte von Nördlingen und Rothenburg sind wir gestapft, haben die Kostbarkeiten Tilman Riemenschneiders aufgesucht und einen Blick bekommen für den Reichtum unserer Kultur.

*

Als ich dann selbst als 16-jähriger zur Flak eingezogen wurde, begann mit dieser dunklen Ära auch eine neue Freundschaft: Konstantin tauchte am Horizont auf und wurde ein lieber Gefährte für lange Zeit. Auf Anhieb erkannten wir, dass wir viele gemeinsame Interessen hatten, vor allem die Literatur hatte es uns angetan, Rilke wurde unser stetiger Begleiter und tröstete uns, wenn der militärische Alltag uns zusetzte. Der Borniertheit der Vorgesetzten, dem Stumpfsinn mancher Kameraden musste etwas entgegengesetzt werden. Sooft es ging, sonderten wir uns ab und lasen in „Malte Laurids Brigge" oder in den „Neuen Gedichten" Rilkes. Und weil wir beide unsere „bündische Vergangenheit" hatten und die Naziideologie uns abstieß, mussten wir uns darum mühen, uns ein festes Fundament zu verschaffen gegen den übermächtigen Gesinnungsdruck. Das eigentliche Gewissensproblem bestand nicht darin, ob wir uns der braunen Ideologie zuwenden sollten oder nicht, das hatten wir längst gelöst. Aber etwas anderes setzte uns mehr zu: Uns war klar, dass der Krieg längst verloren war und wir lieber heute als morgen vor den Westmächten kapitulieren sollten. Aber nun kamen Nacht für Nacht die ungeheuren Bomberschwärme und zerstörten unsere Städte, ganze Stadtviertel gingen in Flammen auf oder wurden von den Luftminen niedergelegt. Das bedeutete auch, dass unsere große Kultur mit den Kirchen, Museen, Schlössern vernichtet wurde. Wir standen nun an den Flak-Geschützen und schossen auf die amerikanischen und englischen Flugzeuge. Einerseits trugen sie dazu bei, den Krieg zu beenden (und wir wollten sie dabei unterstützen), andererseits waren sie die Zerstörer unserer Heimat. Sollten wir uns also freuen, wenn die Bomber getroffen wurden und abstürzten, oder sollten wir sie fliegen lassen? Das waren die Konflikte, mit denen wir es zu tun hatten. Nun, unsere Einflussmöglichkeiten waren so gering, dass wir den Dingen ihren Lauf lassen mussten, aber dass wir diese Fragen gemeinsam durchdacht haben mussten, hat uns durchaus geprägt.

*

Dann kam das Kriegsende und mit ihm einerseits eine schwierige Hungerzeit, aber auch eine spannende Phase der Wiederbesinnung und Neuorientierung. Auch jetzt stellte sich wieder ein neuer Freund ein: Jupp, der aus dem Rheinland stammte, aber durch die Kriegsumstände auf ein hessisches Dorf verschlagen worden war. Er wollte Organist werden und leibte und lebte für die Musik. Nun hörte ich zum ersten Mal Stücke von Paul Hindemith und Bela Bartok, er spielte mir auch den Anfang einer Toccata von Prokofjew vor, ganz brachte er sie allerdings auch noch nicht hin. Und weil die Schulen und Hochschulen noch durch die Kriegszerstörungen geschlossen waren, nutzten wir die Zeit und fuhren mit unseren klapprigen Rädern durch Süddeutschland. Geld hatten wir nicht, und wenn wir es auch gehabt hätten, wäre es nutzlos gewesen, weil es eigentlich kaum etwas zu kaufen gab. Zumeist suchten wir am Abend bei einem Bauern Unterschlupf und konnten im Heu schlafen, bekamen aber häufig auch noch eine Suppe oder einen Kanten Brot. An manchen Tagen hatten wir es besser. Wir gingen in die Dorfkirche, stiegen auf die Empore, öffneten die Orgel – und Jupp spielte mit voller Wucht auf diesem Instrument. Mit Vorliebe wählte er Toccata und Fuge in d-Moll von Bach oder auch ein Stück aus einem Orgelkonzert von Händel. Anschließend gingen wir scheinheilig ins Pfarrhaus zum dortigen Seelsorger und fragten, ob er uns für die Nacht ein Quartier geben könnte. Natürlich wollte er wissen, ob wir die Orgel gespielt hätten, und als wir das bejahten, wurde uns Tür und Tor geöffnet, und ein Nachtessen bekamen wir auch noch, freilich unter der Bedingung, dass wir am nächsten Morgen beim Gottesdienst wieder die Orgel spielen würden, was mit Freuden versprochen wurde.

*

Bei Matthias Claudius lese ich: „So sind Leute, die zusammen Schiffbruch leiden und die an eine wüste Insel geworfen werden, Freunde. Nämlich das gleiche Gefühl der Not in ihnen allen, die gleiche Hoffnung und der Eine Wunsch nach Hülfe einigte sie." Und ganz ähnlich hat es offenbar Novalis erlebt: „Ein gemeinschaftlicher Schiffbruch etc. ist eine Trauung der Freundschaft oder der Liebe." – Ja, so etwas haben wir auch erlebt. Wir waren am Königssee gewesen, sind über den See geschwommen und haben uns anschließend hungrig auf die große immer noch aufgehobene Dose Corned Beef gestürzt. Leider war sie verdorben und uns wurde es in der nächsten Nacht ganz furchtbar schlecht. Am nächsten Morgen waren wir so schwach, dass wir uns kaum aus dem Schlafsack erheben konnten. Was sollte aber nun werden? Mit letzten Kräften schlugen wir uns zu einem bäuerlichen Dorf durch und gingen mit wackligen Beinen auf das Haus eines landwirtschaftlichen Hofes zu. Uns war es so hundsmiserabel zumute, dass wir kaum noch den Mund aufmachen konnten, um unser Anliegen vorzutragen. Aber nun geschah das Wunder: Die Bäuerin sah sofort, in welchem erbärmlichen Zustand wir waren, führte uns ins Haus und zeigte uns ein Zimmer mit frischbezogenen Betten. „Jetzt legt euch erst einmal zum Schlafen, und dann wollen wir sehen, was wir mit euch anfangen", sagte sie, ging in die Küche, um uns einen Tee zu kochen. Am nächsten Morgen ging es uns zwar noch nicht viel besser, aber unsere Stimmung hob sich schon wieder ein bisschen, weil wir uns wie im Paradies vorkamen. Die Bäuerin verwöhnte uns, indem sie uns zunächst einen sehr einfachen Haferbrei vorsetzte, aber nach einem weiteren Tag schon ein weichgekochtes Ei und Weißbrot. Ich glaube, am dritten Tag waren wir wieder so weit aufgepäppelt, dass wir auch wieder den Tornister auf den Buckel nehmen konnten. Wir bekamen noch einen Proviant für die Reise, und als die Bäuerin zum Abschied sagte, dass ihre beiden Söhne noch in russischer Kriegsgefangenschaft seien und sie uns deshalb wie ihre Söhne aufgenommen hätte, da wären wir ihr beinahe noch weinend um den Hals gefallen. – Das also war unser „Schiffbruch", der uns noch deutlicher zusammenführte und mit einem Kitt versah.

*

Es vergingen einige Jahre. Das Studium ging zu Ende, es wurde Hochzeit gefeiert. Und als jungverheiratetes Ehepaar wohnten wir in München in Untermiete bei einer pensionierten Lehrerin. Wir waren so arm dran, dass selbst unsere Betten geliehen waren. Ein eigenes Radio hatten wir natürlich auch nicht, aber bei Fräulein Rosa Hampp durften wir die Nachrichten hören; vor allem aber gab es am Samstagmorgen eine Sendung zum damals gerade entstehenden „Orff'schen Schulwerk", das wir mit immer neuer Begeisterung hörten. Was für eine faszinierende Musik war das, elementar, zunächst auf der Pentatonik aufbauend, die Sprachmagie und den Zauber der Klänge beschwörend, aber dann immer weiterführend zu komplizierten Rhythmen. Auf dem Klavier unserer Hausherrin versuchten wir, etwas von dem Gehörten einzufangen und in uns zu bewahren, aber es stand fest: Wenn wir erst einmal etwas besser dran sind, müssen wir uns unbedingt ein Xylophon und andere Instrumente besorgen.

Nach Jahren war es dann so weit. Mittlerweile hatten wir schon einige Kinder bekommen, die Musikbegeisterung wuchs, und weil sich inzwischen ein Freundeskreis zusammengefunden hatte, kamen wir mit einer gewissen Regelmäßigkeit zum Musizieren zusammen. Immerhin gab es jetzt schon ein Glockenspiel, zwei Xylophone, eine Holzblocktrommel und eine Schellentrommel, eine Triangel und natürlich Blockflöten. Diese Abende sind mir in ganz starker Erinnerung, nicht nur durch das gemeinsame Musizieren, sondern vor allem deshalb, weil wir als Freunde zusammenwuchsen. Keiner von uns hatte Musik studiert, von Musiktheorie oder gar Kompositionstechnik hatten wir keine Ahnung, aber nun entdeckten wir die Lust am Improvisieren, und siehe da: Es entstanden kleine Stücke, ohne Noten, ohne lange Vereinbarung, aber klangvolle Gebilde, die uns selbst erstaunten. Einer fing an, auf einer Trommel einen einfachen Rhythmus zu schlagen, nach einiger Zeit setzte das Xylophon ein und fügte eine gleichbleibende Linie dazu, das Glockenspiel korrespondierte mit seinen hellen Tönen, möglichst ebenfalls mit einem gleichbleibenden Melodiebogen. Und dann gab eine Flöte dem Ganzen einen frischen Glanz dazu und improvisierte auf dem „Klangteppich" eine jubelnde aufsteigende Linie. – Als Rudi einmal aus der Schule ein damals neu aufgekommenes Tonbandgerät mitbrachte, nahmen wir unser Klanggebilde auf – und waren verblüfft über die melodische Vielfalt und „Eleganz" unserer eigenen kleinen Komposition. Unser Freundeskreis erlebte sich auf ganz neue

Weise. Jeder hatte sich auf seine eigene Art eingebracht und hatte ein Element zum Ganzen gefügt, jeder musste sich aber auf den anderen horchend einstellen und musste Raum lassen, damit alle mit ihrer „Stimme" einschwingen konnten. Ein lebendiges Miteinander war entstanden: Wir schauten einander an und wussten plötzlich, was das ist: Freundschaft.

*

Orestis habe ich bei einem Kongress der Märchengesellschaft kennengelernt. Er war nach meinem Referat zu mir gekommen und hatte mir gesagt, er habe nach dem von mir Vorgetragenen den Eindruck, wir müssten uns schon seit Jahrzehnten kennen. Nun, es war unser erstes Zusammentreffen, aber offensichtlich gibt es verborgene Freundschaften, die erst sichtbar werden und gelebt werden können, wenn ihre Zeit gekommen ist, aber sie haben sich offenbar schon lange im Verborgenen vorbereitet. – Als er mir erzählte, er könne nicht während des ganzen Kongresses dableiben, denn er habe eine Wanderung auf den Berg Athos vor, da sagte ich ihm, es wäre seit langem ein Traum von mir, den Athos zu besuchen. Spontan antwortete er mir: „Ich bin ganz sicher: Irgendwann machen wir diese Reise gemeinsam." – Es dauerte noch ein paar Jahre, aber dann saßen wir gemeinsam in einem Kaiki, einem kleinen Motordampfer, um Daphni anzusteuern, den winzigen Hafen der klösterlichen Halbinsel. – Eine Woche lang wanderten wir von Kloster zu Kloster, und überall wurde Orestis von den Mönchen mit freudiger Umarmung begrüßt, denn es war seine 18. Athoswanderung und er hatte alle 20 Klöster schon einmal besucht. So stark hatte ihn die Begegnung mit der Mönchsrepublik und ihrer Frömmigkeit beeindruckt, dass er der griechisch-orthodoxen Kirche beigetreten war, und so war nach der Taufe aus dem Horst ein Orestis geworden. – Wir verbrachten wunderbare Tage, denn die Landschaft ist unvergleichlich, immer wieder geht es hügelauf und hügelab, durch Wälder und an Felsen entlang, dann taucht das Meer auf, große Klöster wechseln mit kleinen Skiten ab, die meist nur wenige Mönche beherbergen. Und wir hatten Zeit zum Erzählen, zum Austausch unserer Erfahrungen. Manchmal saßen wir an einer besonders schönen Stelle der Landschaft und schauten weit aufs Meer hinaus, und wir waren ganz erfüllt von dem gemeinsamen Geschenk unserer Verbundenheit: Wir erzählten uns Märchen, rezitierten Verse von Mörike und Hölderlin, von Rilke und Rose Ausländer, aber oft ließen wir das Reden auch sein und begnügten uns damit, einfach zu schauen.

Kurz war diese Woche, und trotzdem unendlich lang. – Wir haben uns in den folgenden Jahren immer mal wieder getroffen und schöne Dinge erlebt. Aber so dicht wie diese Tage auf dem Athos konnten und brauchten sie gar nicht mehr sein, wenn auch das freundschaftliche Band sich als dauerhaft erwies.

*

Wie war das eigentlich mit Roderich? – Nun, wir wohnten damals in einem winzigen Häuschen im Loisachtal, als plötzlich ein vornehm-altertümlicher Opel Admiral auftauchte und tatsächlich unsere kleine Behausung ansteuerte. Neben seinen vielen anderen Tätigkeiten und Berufen war der uns noch unbekannte Besucher auch Herausgeber einer Schriftenreihe und wollte sich mit uns beraten. – Aber was sich aus dieser ersten Begegnung ergab, war von ganz eigener Art. Plötzlich entdeckten wir ganze Felder gemeinsamer Interessen, und weil Roderich ein weltgereister Mann und mit unendlich vielen Menschen befreundet war, bekamen wir eine Ahnung von den großen Ereignissen unserer Zeit. Der ersten Begegnung folgten weitere, einmal kam er mit Hermann Gmeiner, dem Gründer der SOS-Kinderdörfer, ein andermal mit Inge Scholl, der Schwester von Hans und Sophie Scholl. Dann wurden wir in seine damalige Wohnung nach Innsbruck eingeladen; und weil wir schon vier kleine Kinder hatten, fuhren wir zu sechst mit unserem klapprigen kleinen Lloyd über die Berge zu ihm. Nun merkte er bald, wie überanstrengt meine Frau mit den Kindern war, also schenkte er uns zwei Ferientage, übernahm die Pflege und Versorgung unseres Bubenquartetts und schickte uns nach Südtirol, in die Heimat seiner Vorfahren, nicht ohne uns mit Karten und Informationsmaterial auszustatten: Jetzt gelangten wir erstmals in ein gelobtes Land, stiefelten von der Burg Runkel zur Kirche Tramin, staunten im Brixener Dom die Fresken an, besuchten Paulus auf der Schaukel in Naturns und freuten uns über die hochgelegene Burg Hocheppan und ließen natürlich auch das Schloss Tirol nicht aus. Als wir – vollgeladen mit tausend Eindrücken – wieder in Innsbruck ankamen, waren unsere Kinder ganz enttäuscht, dass wir schon wieder da waren: Roderich hatte gerade eine „Seilbahn" vom Balkon des ersten Stocks in den Garten gebaut, die von den Buben ausprobiert werden musste; da störten die Eltern nur. – Es schlossen sich in der Folgezeit viele Treffen an, wir erlebten einen Menschen, der voller Ideen war und den Mut hatte, seine Pläne auch umzusetzen, immer hilfsbereit, immer konkret zupackend. In Mittelamerika baute er später einen „Kultursender" auf, um ein elementares Bildungsbedürfnis der dortigen Bevölkerung zu fördern, gab aber auch Schriften und einen Almanach heraus. Daneben lauschte er als Hobby-Ornithologe den dortigen Vögeln zu. Als ich mit meiner Doktorarbeit nicht so recht weiterkam (wir hatten mittlerweile sieben Kinder und die Assistentur an der Uni brachte viel Arbeit mit sich), hatte er gleich eine rettende Idee: Ich durfte wochenlang in seiner Wohnung in einem schwäbischen Renaissanceschloss hausen, hatte endlich zusammenhängende Zeit und konnte zügig die Arbeit abschließen. Und wenn wir einmal ein Wochenende zusammen waren, hatten wir immer das Gefühl, die ganze Welt sei unser Gast. Und was immer besonders auffiel: Er steckte seinen Gesprächspartner an, weckte seine schlafenden Ressourcen und machte Mut, Dinge anzupacken, auch wenn sie schwierig oder aussichtslos schienen.

*

Natürlich müssten jetzt noch viele kleine Kapitel folgen, müssten noch viele Gestalten auftauchen, die Epoche in meinem Leben gemacht haben, aber wenigstens diese wenigen Begegnungen und Bindungen sollen andeuten, wie ich etwas von der Bedeutung der Freundschaft erfuhr.

„Man lebt, wenn man das Glück hat, mehrere Freunde zu besitzen, mit jedem Freunde ein eignes und abgesondertes Leben", hat Ludwig Tieck gesagt.

Postludium

Einmal möchte ich

Einmal möchte ich
ein Gedicht schreiben
nur aus Namen –

ein Gedicht in dem
alle Freunde
Platz finden
wie um einen Tisch –

Ab und zu wären
neue Gäste
zu begrüßen

oder einer stünde auf
und ginge weg –

Aber im Hintergrund
des Gedichts
gäbe es einen
großen Garten

in dem es auch
spät nachts noch
eine Freude wäre
sich zu verirren

Ludwig Steinherr[3]

---

3   Ludwig Steinherr, aus: Erste Blicke, letzte Blicke. Gedichte © Heiderhoff
    Verlag, Eisingen 1996.

Ein Gedicht aus lauter Namen, ist das möglich? Nun, mit jedem Namen ist ja ein Mensch mit seinem Schicksal verbunden. „Beim-Namen-rufen ist ein Zaubermittel", sagt Bettine Brentano. Und wenn sich all die beim Namen Gerufenen zu einem Kreis der Freunde zusammenfügen, dann entfaltet sich ja vielleicht ein Lebensgedicht. Der Dichter möchte sie alle um einen großen Tisch versammeln, es ist der Tisch des Lebens, deshalb haben sie alle Platz: die Freunde, mit denen er gerade jetzt vertraut ist und sich trifft, aber auch die Freunde, die einmal in der Vergangenheit eine Rolle gespielt haben. Es war ein Kommen und Gehen, aber sie alle haben ihre Spuren hinterlassen, ohne sie wäre das Leben anders verlaufen: Ihre Namen sind gewissermaßen in den Tisch des Lebens eingeritzt.

Aber der Tisch hat ein Umfeld, einen Garten, in dem man sich verlieren kann. So wichtig die Tischgemeinschaft ist, so notwendig das Tischgespräch, manchmal löst sich die fröhliche Runde auf, damit man sich – allein meditierend oder zu zweit promenierend – in das Gewirr der Wege begeben kann. Man könnte sich ein Labyrinth vorstellen oder einen Irrgarten, in den man sich lustvoll verliert, um dann doch erleichtert aufzuatmen, wenn der Ausweg gefunden ist.

Marie Luise Kaschnitz war skeptisch, was eine Zusammenkunft aller Freunde angeht. „Ein Symposion aller Freunde meines Lebens wäre unsinnig, sie würden sich keineswegs vertragen", vermutet sie. Ludwig Steinherr ist da vielleicht optimistischer, aber auch er weiß: Manchmal steht einer auf und geht, andere sind gekommen. Unsere Freundschaften haben einen fließenden Charakter, sie haben ihre Stunde, deshalb können auch die Freunde nicht künstlich zum Bleiben genötigt werden.

Aber das Bild von dem Tisch ist ein starkes Symbol. Was da alles für Namen eingereiht sind, sie ergeben in gewisser Weise tatsächlich das Gedicht meines Lebens, verbunden allerdings mit dem ergänzenden Bild vom Garten und seinen vielen Wegen. Der Garten der Freundschaft spiegelt die Etappen eines Lebens, jeder Baum darin hat einen Namen, birgt eine eigene Geschichte.

topos taschenbücher

Otto Betz

Das Unscheinbare ist das Wunderbare

Spiritualität im Alltag

120 Seiten

Band 742
ISBN 978-3-8367-0742-8

www.topos-taschenbuecher.de

topos taschenbücher

Otto Betz

Weiter als die letzte Ferne

Mit Rainer Maria Rilke die Welt meditieren

232 Seiten

Band 1014
ISBN 978-3-8367-1014-5

www.topos-taschenbuecher.de